A caro amigo

com votos de paz.

/ /

TERAPÊUTICA DE EMERGÊNCIA

João Pessoa - PB,
07 de dezembro de 2010

Divaldo Pereira Franco

TERAPÊUTICA DE EMERGÊNCIA

Diversos Espíritos

LEAL

6.ed.
Do 29º ao 31º milheiro

Revisão: Hugo Pinto Homem
Editoração eletrônica: Nilsa Maria Pinto de Vasconcellos
Capa: Ailton Bosco

Impresso no Brasil
Presita en Brazilo

Dados Internacionais de Catalogação na Publicação (CIP)
(Câmara Brasileira do Livro, SP, Brasil)

Terapêutica de emergência / por diversos Espíritos ; [psicografado por] Divaldo Pereira Franco. – 5ª ed. – Salvador. BA : Livr. Espírita Alvorada, 2002.

1. Espiritismo 2. Orientação espiritual 3. Psicografia
I. Diversos Espíritos. II. Franco, Divaldo Pereira.

02–5634 CDD–133.93

Índices para catálogo sistemático:
1. Mensagens psicografadas : Espiritismo 133.93

LIVRARIA ESPÍRITA ALVORADA EDITORA
CNPJ 15.176.233/0001-17 – I.E. 01.917.200
Rua Jayme Vieira Lima, n.º 104 – Pau da Lima – CEP41235-000 Salvador–Bahia–Brasil
Telefax: (71) 3409 8310/11 • e-mail: leal@mansaodocaminho.com.br
www.mansaodocaminho.com.br
2007

SUMÁRIO

Terapêutica de emergência 9
1 Ante a vida futura 13
2 Bênção maternal 17
3 Apelo de amiga 21
4 Evangelização – desafio de urgência 25
5 Gratidão 31
6 Súplica do órfão 33
7 Rogativa 35
8 Convite aos espíritas 39
9 A verdadeira conquista 45
10 Forças mentais 51
11 Educação mediúnica 57
12 A violência 61
13 Criança e família 65
14 Cruzada de amor 71
15 Cruz e Cristo 75
16 Palavras a um cego 79
17 Ante o infinito 83
18 Prece 85
19 Oração do servo imperfeito 89
20 Perante a vida 91
21 Máquina divina 93
22 Solução 97
23 A questão da saúde e da doença 101
24 Sexo e educação 107
25 Mundo e Jesus 111
26 Marcados na alma 113
27 Preservar a simplicidade 117

28 Exercício consciente da mediunidade 121
29 Jesus e beneficência 127
30 A presença do amor 131
31 Rogativa de fé 135
32 Com todo amor 137
33 Adversários sutis permanentes 139
34 Requisitos para a humanidade feliz 143
35 Importância do diálogo 150
36 Desafios do momento 155
37 Superpopulação e oportunidade 161
38 Incompreendidos 167
39 Página de encorajamento 171
40 Alienados e alienações 175
41 Epidemia obsessiva 181
42 Hora da divulgação 185
43 Combate intransferível 187
44 Súplica de solidariedade 191
45 A fé em breves considerações 195
46 Esclarecimentos do culpado 199
47 Oração do jovem 201
48 Ressentimento 203
49 Você e o jovem 207
50 Vigiar o pensamento 211
51 Bem viver 213
52 Técnicas de ação 217
53 Descontrair-se 219
54 Programa de amor 223
55 Pressa e receio 227
56 Eis o roteiro 231
57 Abençoa sempre 235
58 Apelo da migalha 237
59 O amanhã de Deus 239
60 A beneficência 243

Terapêutica de Emergência

O mundo moderno, com as suas conquistas tecnológicas, apresenta-se enfermo.

A falência dos valores éticos na atualidade é inquestionável.

Aclaradas algumas interrogações pela ciência contemporânea outras incógnitas surgem, desafiadoras, convidando a mais apuradas investigações e mais demoradas experiências.

O organismo social padece conflitos alarmantes e o homem, ansioso, no báratro das realidades cotidianas, delira ou angustia-se, apresentando-se insatisfeito e sofrido em todos os segmentos da comunidade onde se movimenta.

Multiplicam-se as conquistas da inteligência e fazem-se mais complexos os quadros do sentimento amarfanhado.

Loucura e suicídio dão-se as mãos, solidão e estados depressivos encarceram vidas, alienações e enfermidades psicossomáticas aumentam vertiginosamen-

te com estatísticas assustadoras, viroses de gênese desconhecida alastram-se, enquanto a fome, a pobreza, o abandono explodem em agressividade e em violência difíceis de controladas.

O panorama apresentado pela dor é sombrio e as perspectivas futuras desenham-se temerárias.

É certo que nem tudo são tragédias ou desconcertos.

Há muita beleza e amor diminuindo as tensões e espocando em esperanças de melhores dias, atestando a vitória da inteligência sobre a força, do bem sobre o mal.

Homens e mulheres estóicos dedicam-se a tarefas nobilitantes, amando e ensinando a amar.

Não podemos, porém, esquecer que o homem vitorioso nos empreendimentos externos não soube, ou não quis ainda triunfar sobre as paixões primitivas, que prosseguem em predomínio dando mostras de impiedade, que atoleimam as demais criaturas.

Sem desejarmos apresentar um quadro deprimente dessas ocorrências dantescas e sem nos determos nas evocações do passado distante, rico em chacinas, genocídios e destruições, recordamo-nos de que, nas suas vitórias no Egito, após conquistada a cidade de Jaffa, Napoleão Bonaparte, alegando escassez de víveres e recursos para os prisioneiros que lhe caíram sob o jugo, mandou-os degolar, no mês de março de 1799, em número de 3.000, todos vítimas da sua sanha sanguinária...

A Segunda Guerra Mundial ceifou aproximadamente 50 milhões de vidas humanas, dentre as quais 6 milhões de judeus morreram nas câmaras de gás, 16 milhões de russos e poloneses pereceram sob crueldа-

de incrível e populações de várias cidades foram totalmente exterminadas, como ocorreu em Lídice, na Checoslováquia, e em Oradour, na França...

No Camboja, há pouco, o Khmer Vermelho, numa população de 7 milhões de pessoas, mandou matar mais de 1 milhão, a fim de impor a sua ideologia arbitrária...

No Líbano, repetindo o levante do Gueto de Varsóvia, no ano de 1944, no qual morreram 200.000 judeus, em 1975 os falangistas cristãos mataram 2.000 palestinos, e, por sua vez, mais de 600 cristãos foram massacrados, logo depois, pelos palestinos, em Damour...

Os crimes, nos acampamentos de Sabra e Chatila, ainda não se apagaram na memória dos povos estarrecidos, quando, na Índia, por questões políticas emigrantes de outro Estado foram assassinados em mais de 150 aldeias, não se havendo poupado crianças, gestantes, enfermos, nem idosos...

A relação é larga e dolorosa!

O amor está frio nos sentimentos da maioria dos homens e as doenças do ódio, do absolutismo do poder coletivo e individual contaminam os seres humanos, ameaçando-os de extinção numa guerra total.

Não obstante, Jesus vela pela nau terrestre e se compadece do homem inquieto e violento destes dias, facultando-lhe recomeço e paz. Para que ele logre a renovação íntima e a saúde, a Doutrina Espírita se lhe apresenta como a terapêutica de emergência através da qual ele consegue o encontro consigo mesmo e logra a felicidade.

***

Diversos Amigos Espirituais trazem-nos a sua contribuição para o cometimento de mudança do atual quadro que existe na Terra.

São páginas repassadas de esperanças, trabalhadas na experiência e conquistas de cada um dos que as firmam.

Diversas destas mensagens apareceram, oportunamente, em periódicos espíritas e como avulsos, agora sendo reunidas e revisadas pelos seus Autores para formar o presente livro.

Lidas com atenção, tornam-se uma terapia otimista nesta emergência, acenando as possibilidades de harmonia e fraternidade, ora escassas entre os homens.

Nenhuma novidade, nem mesmo originalidade alguma, nelas se encontram.

São válidas pelo seu conteúdo iluminativo e porque desdobram as lições do Evangelho de Jesus e da Codificação Espírita, que são os medicamentos eficazes para as enfermidades deste momento.

Agradecida ao leitor que nos acompanhar nesta terapêutica de emergência, rogamos ao Senhor que nos abençoe com a Sua paz.

Salvador, 26.03.83
Joanna de Ângelis

1

Ante a vida futura

O conhecimento da vida futura e a sua conseqüente aceitação tranqüila, como decorrência de uma conscientização em torno da realidade espiritual, produz, no homem, um clima moral que lhe molda o caráter com vigor, tornando-o sereno e forte em quaisquer circunstâncias.

Sabendo que as injunções físicas e os eventuais sucessos terrenos fazem parte da uma programática que não se encerra no túmulo, mas antes, a partir dali se desdobra natural e continuamente, logra enfrentar todas as ocorrências com calma e lucidez mental, considerando a brevidade em que transcorrerão ditas dificuldades, quando assim o forem, ante o infinito do tempo que dispõe à frente, convidativo.

As metas se lhe deslocam do plano imediatista, gozador, para outra dimensão em que o prazer não se faça acompanhar de fadiga, nem a ilusória felicidade seja sucedida pela frustração, quando não pela amargura.

A certeza da vida espiritual dilata a visão e retempera o ânimo daquele que se enquadra no seu contexto superior, contrapondo-se às aflitivas situações do ponto de vista puramente material.

Diante das graves ocorrências não receia, antes renova a coragem para enfrentar com tranqüila altivez e resolver o problema que lhe surge como desafio.

No alarido decorrente da precipitação, mantémse em austera postura, não se perturbando com o desencontro das opiniões, nem com a balbúrdia que obnubila a consciência, distorcendo a realidade na sua configuração legítima.

Sabe encarar a dor e a dificuldade não como castigo ou vitória do mal transitório, porém, como um chamamento, à sua fé e um teste à sua capacidade de discernimento, com o conseqüente equilíbrio da ação bem dirigida.

Sabe que somente ocorre o que lhe é melhor para o progresso do espírito, por isso não malbarata o tempo na avaliação dos danos, quando estes se produzem, examinando os resultados proveitosos, de que se poderá utilizar no futuro, impedindo a repetição da ocorrência negativa.

Não recua, porque conhece com lógica que todas as coisas a Deus pertencem, e os fatos obedecem a um traçado superior como resultado das atitudes pretéritas de que o endividado não se consegue evadir.

Doma as más inclinações, impedindo que elas o tomem nos momentos mais ásperos, ocasiões em que se deve recolher à oração e à vigilância, ao invés de tombar inerme nas urdiduras da irresponsabilidade de qualquer natureza.

Decide, em definitivo, as normativas de comportamento com que estabiliza as emoções; dá direção às aspirações, livrando-se, de uma por todas as vezes da instabilidade e da alucinação.

Medita no ensino evangélico, quanto possível, de cujo hábito salutar haure força e vitalidade para não soçobrar entre os escombros das águas encapeladas das paixões inferiores.

Amadurece com a dor ao invés de exasperar-se com ela; solidariza-se com o padecente, antes que dele afastar-se; cultiva o otimismo em detrimento das construções mentais deletérias; silencia as diatribes sem as revidar; confia no futuro porque marcha inexoravelmente para ele...

Vive a fé que esposa e, de forma alguma duvida da divina interferência e magnanimidade do Pai, sempre e sem cessar.

Combate o bom combate do bem contra o mal e quando os fracos receiam, murmuram ou planejam afastar-se da luta, o homem que confia no futuro espiritual persevera, investe tudo, doa-se mais, mesmo que aparentemente a sós se lhe afigure uma loucura a perseverança e insistência nos propósitos superiores acalentados. Isso, porque ele tem certeza de que, embora abandonado pelos cômpares e afeiçoados, que ora têm outros interesses e pretendem seguir adiante, não está sozinho, nem tombará.

E, se porventura os resultados não corresponderem aos chamados triunfos humanos, ainda assim, rejubila-se em face da tranqüilidade que mantém quanto aos roteiros do Senhor, que nos permite escolher a parte que melhor apraz, demorando-se em paz por haver selecionado a melhor para si e para o meio onde foi chamado a servir e a crescer...

No futuro espiritual que o aguarda, o homem de fé nas realidades imortais do espírito eterno tem consciência de que reencontrará aqueles que o não quiseram ou não puderam acompanhá-lo, que foram causas diretas ou não das suas aflições e sacrifícios, em condições, sem dúvida, onde não haverá lugar para equívocos nem deserções, sob a luz meridiana da consciência, livre dos anestésicos da leviandade e da ilusão.

Por tais e incontáveis outras razões, o espírita, cientificado e consciente do seu futuro espiritual, faz-se um verdadeiro cristão, um homem probo e bom a serviço do Cristo, na Terra, sem exigências nem petulâncias, seguro de que, simplesmente como servo que reconhece a própria pequenez, apenas cumpre o seu dever.

Abdias Oliveira

2

Bênção maternal

Envolvo-a em ternura e gratidão, mãezinha querida.

Revejo-a, cansada e estóica, no anonimato da sua abnegação, vigilante no culto dos deveres assumidos com alegria, verdadeiro anjo do lar, onde tivemos a oportunidade de renascer.

A sua renúncia facultou-nos o retorno à carne, auxiliando-nos no crescimento para Deus.

Você deu-nos a luz do exemplo, em contínuas demonstrações de fé e de trabalho, através das quais forjamos o caráter e desenvolvemos os sentimentos de amor e de beleza.

Quanto mais você se apagou, a fim de que brilhassem os seus filhos, mais estelar foi a sua luminosidade, que permanece vencendo a noite do tempo como roteiro feliz para nós outros, frutos do seu devotamento.

Modelo maternal, você hauriu forças no exemplo da Mãe de Jesus, que prossegue como lição viva e inexaurível para todas as mulheres, convidando-nos à santificação pelo amor.

*

No momento em que os camartelos do progresso tecnológico, acionados pelo utilitarismo, destroem muitos valores, exibindo as suas conquistas e glórias de enganoso prazer, a maternidade sofre ultrajes dantes jamais imaginados.

A liberdade para a mulher e os seus justos direitos são arrojados nas valas da libertinagem e das licenças perniciosas, em nome de mentirosos ideais de felicidade.

O aborto campeia desenfreado, procurando cidadania legal e os descalabros do sexo dão gênese a loucuras de largo porte, que demonstram a falência da ética moderna.

Nesse desconcerto, no entanto, sob as mais graves injunções, a figura de mãe assoma soberana, descortinando um futuro melhor para a Humanidade.

Muitos não lhe dão valor, enquanto a têm, vindo a lamentar depois.

Diversos envinagram-lhe as horas, para arrepender-se, mais tarde.

Vários desprezam-na hoje, a fim de sofrerem remorsos acerbos, posteriormente...

No corpo ou fora dele, a devoção maternal, no entanto, vela, e ora, na esperança de que os seus filhos logrem ventura e paz, de que talvez não participe, felicitando-se, a distância, com o júbilo deles.

... Enquanto haja mães na Terra, Deus estará abençoando o homem com a oportunidade de atingir a meta da perfeição que lhe cabe.

Por esta razão, pelo que você é, mamãe, eu lhe louvo a maternidade que me trouxe de volta ao mundo para o milagre da evolução.

Amélia Rodrigues

3

Apelo de amiga

Alma irmã, escuta-me!

Venho falar-te do drama de urgência que toma conta do coração e da mente da mulher, que se vê induzida por hábil propaganda a negar-se à maternidade...

Sejam quais forem os argumentos, como se te apresentem as justificativas para o crime de interrupção da vida fetal, que alguns homens pretendem legalizar, não te deixes seduzir.

A mulher nasceu para ser, por excelência, mãe da própria ou da carne alheia.

À exceção do aborto terapêutico, que objetiva salvar a vida da gestante, facultando-lhe permanecer no ministério do corpo, todos os outros tipos decorrem de arrazoados ególatras e sofistas, que não merecem respeito.

Não te envergonhes nunca de permitir que a vida se te manifeste pelo corpo, na condição de co-criadora que és ao lado de Deus.

*

As alegações vazadas no egoísmo absurdo que visa a transformar o corpo num oásis de delícias, mediante a sexualidade nem sempre dignificada, tornam a mulher *objeto* contra o que, aliás, ela hoje vem pretendendo lutar.

Enquanto haja mães, na Terra, teremos a certeza de que Deus prossegue conosco.

Não obstante se argumente quanto ao direito que a mulher tem sobre o seu corpo, a verdade é que aquele que se desenvolve na intimidade intra-uterina não lhe é a continuação, sendo antes o resultado da união de outras energias que se conjugam para manifestar a vida e prolongá-la através da sucessão dos anos.

Um filho é sempre dádiva de Deus.

Aviltando-se a genitora por meio do delito do aborto, os seus sentimentos humanos descem ao primarismo animal, trazendo de volta a ferocidade primeva que já deveria estar superada.

O homem deixa-se sensibilizar pelos fenômenos ecológicos, lutando pela preservação do meio ambiente, das forças vivas e atuantes da Natureza, todavia, ergue-se, obstinado, para destruir a vida humana em formação, que lhe pede oportunidade para vir à luz do Sol.

Deixa-te tocar pelo amor e a canção da afetividade dulcificar-te-á a alma. Cantarás, então, uma balada de ternura pelo filhinho que trazes contigo e logo mais estará nos teus braços, esperando pela tua fortaleza, a fim de avançar pelos rumos do Infinito.

Ser mãe é desdobrar a alma em santificantes lições de amor, doando-se e fruindo o licor inefável da felicidade.

Ditoso é todo aquele que se dá, que se doa, que

se oferta em holocausto de beleza.

Permite que a tua existência, convidada à sublime tarefa maternal, se coroe de estrelas como bênçãos do céu nas sombras da Terra, enternecendo-te e doando claridades permanentes para a Humanidade inteira.

... E um dia, quando a neve dos anos adornar-te a cabeça cansada e aureolar-te o corpo exaurido, duas mãos de apoio como asas angelicais surgirão, inesperadas, para apoiar-te, enquanto formosa voz entoará um hino de gratidão ao teu amor, mesmo que te sintas, aparentemente, abandonada.

Esse hino, em musicalidade sublime, assim te dirá:

– Mamãe, aqui estou: sou eu, teu filho!

Amélia Rodrigues

4

Evangelização - desafio de urgência

Estes são como aqueles tempos, embora o espaço de dois mil anos que os separam.

A opressão e a força mudaram de mãos, no entanto, prosseguem gerando infortúnio e dor.

O homem, escravo das paixões, padece a hipertrofia dos sentimentos, enquanto o monstro da guerra, com sua fauce hiante, persiste em devorar vidas...

Há lutas de destruição em toda parte, qual ocorria naqueles dias em que veio Jesus para dar início à Era do Espírito Imortal.

Hoje, porém, pode-se adicionar àquelas condições negativas, entre outras lamentáveis ocorrências, a destruição do instituto da família, liberando crianças e jovens que se arrojam na desabalada correria da loucura, a grassar avassaladora, parecendo anunciar o fim dos tempos da ética e da civilização, em desolador retorno à barbárie, ao primitivismo.

Qual sucedeu à Mensagem do Cristo, que pôde mudar as estruturas do Império Romano em sua época, o Espiritismo, a seu turno, vem hoje lançar as bases da nova humanidade, colocando suas fundações no solo virgem da infância e da juventude, encarregadas de conduzir amanhã o homem do porvir, a cultura do futuro.

Não obstante a diagnose pessimista dos filósofos negadores do século XIX, asseverando que o homem atual seria céptico, ateu, a Humanidade aturdida de agora, decepcionando-os, faz a sua viagem de volta a Deus, por significar, a Sua presença nas almas, a vigorosa força que emula ao progresso, à perfeição de que ninguém se furtará.

O Espiritismo, para desencanto dos anarquistas e niilistas, restaura a fé racional nas consciências e estabelece os alicerces seguros sobre os quais se erguerá o templo da paz, onde a felicidade será bênção acessível a todos.

Sem dúvida, a revolução filosófica, as conquistas científicas e a renovação tecnológica abriram para o homem horizontes dantes jamais sonhados... Não bastaram, porém, tais aquisições para que se lograsse harmonizar o homem consigo mesmo quanto com o seu próximo.

Caminhando pelas veredas da reação ao conceito espiritualista, conforme a ortodoxia do passado, a investigação científica e a cultura se divorciaram de Deus, conseguindo admiráveis resultados externos, que redundaram em tremendo esvaziamento dos sentimentos.

Com raras exceções, a criatura enriquecida pelo intelecto chafurda no abismo da revolta e se alucina, atirando-se à loucura irreversível ou ao suicídio infeliz, quando não se deixa intoxicar pelo vapores da indiferença, mumificando-se na frieza para com as emoções superiores, matando a esperança e o amor. Isso porque tem feito falta Jesus, no coração e na mente dos indivíduos.

Ao Espiritismo cabe a honrosa tarefa de trazê-lO de volta, atuante e dócil, vigoroso e libertador, conforme ocorrera antes.

As vozes do além-túmulo que Lhe obedecem ao comando promovem, na Terra, uma clarinada de despertamento, pondo em ruínas as velhas construções do materialismo, nas diversas expressões em que se manifesta, ensejando compreensão nova na vida e da realidade do ser imortal.

Neste sublime cometimento, porém, a floração infanto-juvenil – rodas do progresso do amanhã que avançam pelos pés do presente – assume a grandeza de um desafio que nos cumpre aceitar, conjugando esforços em ambos os lados da vida, para conduzir com segurança e sabedoria, evitando os lamentáveis erros transatos.

O homem será o que da sua infância se faça.

A criança incompreendida resulta no jovem revoltado, e este assume a posição de homem traumatizado, violento.

A criança desdenhada ressurge no adolescente inseguro, que modela a personalidade do adulto-infeliz.

A criança é sementeira que aguarda, o jovem é campo fecundado, o adulto é seara em produção. Conforme a qualidade da semente teremos a colheita.

Excetuam-se, é claro, os casos de Espíritos recalcitrantes, em recomeços difíceis, reacionários por atavismo pretérito às luzes da educação. Mesmo em tais, os efeitos da salutar pedagogia educacional fazem-se valiosos.

A tarefa da educação, por isso mesmo, é de relevância, enquanto que a da evangelização é de urgência salvadora.

Quem instrui oferece meios para que a mente alargue a compreensão das coisas e entenda a vida.

Quem educa cria os valores ético-culturais para uma vivência nobre e ditosa.

Quem evangeliza liberta para a Vida feliz.

Evangelizar é trazer Cristo de volta ao solo infantil como bênção de alta magnitude, cujo resultado ainda não se pode, realmente, aquilatar.

A criança evangelizada torna-se jovem digno, transformando-se em cidadão do amor, com expressiva bagagem de luz para toda a vida, mesmo que transitando em trevas exteriores.

Ofertem-se pães, medicamentos, agasalhos, cuidados, instrução e educação à criança. Não se evangelizando hoje o ser que surge, periclitará toda a segurança do edifício social e humano no futuro.

Impostergável, desse modo, o ministério preparatório das gerações novas, guiando-as para Jesus, a fim de que se construa, desde agora, o "reino de Deus", definitivamente, no mundo.

A infância é o período em que melhor se aprende, enquanto na adolescência se apreende. Na idade adulta mais facilmente se compreende, evitando-se o período em que o ancião apenas repreende...

– "Deixai que venham a mim as criancinhas" – solicitou Jesus. Tomemos dessa argila plástica, ainda não comprometida pelos erros atuais e modelemos com as mãos do amor o homem integral do porvir.

Evangelização espírita é Sol nas almas, clareando o mundo inteiro sob as constelações das *estrelas dos Céus*, que são os Bem-aventurados do Senhor empenhados em Seu nome, pela transformação urgente da Terra, em "mundo de regeneração" e paz.

Amélia Rodrigues

5

Gratidão

Mãezinha,

trago minhas mãos cobertas das flores colhidas no bosque dos meus mais belos sonhos, para atapetar o caminho por onde seguirão teus passos.

Rasguei meus pés na urze e nos cardos, procurando rosas imaculadas para coroar-te os cabelos nevados. Não as encontrei, porém... Colhi somente o perfume leve da manhã e guardei-o no coração para com ele impregnar-te os dias da velhice como tesouro da minha gratidão.

Abri o sacrário da minha alma em busca da oblata para o teu coração e retirei, além do pão, as gemas preciosas do amor e do respeito e vitalizei-a, tornando-a eucaristia de reconhecimento...

Oh! Mamãezinha, todos os sacrifícios das tuas noites sem repouso e as lágrimas que nunca secaram nos teus abençoados olhos dão forma, entre as santas mulheres do Jardim Divino, à coroa sublime com que a maternidade vitoriosa no mundo cingirá a Santíssima, Rainha de todas as mulheres e Mãe do Divino Crucificado.

À semelhança delas, tuas dores construíram a escada luminosa pela qual ascendeste à Comuna do Amor sem lágrimas...

Ajoelhada aos teus pés, anjo da minha pobre vida, vejo a mocidade dourada que os anos mudaram na tua face, fazendo-te credora das belezas intangíveis da santidade.

Minha vida se enobrece com a memória dos teus atos.

A visão do teu sorriso é a glória nobre das minhas horas de evocação.

O amor que me honra é a honra que o teu amor me ofereceu como prêmio que não cheguei, sequer, a merecer...

*

Canta a natureza banhada de luz alimentando a semente e transformando o pantanal, povoando de felicidade a terra, e eu também exulto de gratidão à lembrança de tua existência, Rainha dos meus dias, ornando de belezas, hoje, o reduto no Céu, onde se preparam os filhos para a Terra de amanhã...

Bendita sejas sempre, mamãe!

Anália Franco

6

Súplica do órfão

Mãezinha,

sinto hoje imensa saudade de você!

O dia se doura e as flores arrebentam em perfume, cantando uma sinfonia de cores e de música, que me embala o próprio coração.

Mas não a encontro, mãezinha!

A casa da minha alma se cobre de tristeza, porque sua voz não mais canta, melodiosa, aos meus ouvidos...

Disseram-me que você partiu, deixando-me tão pequeno e só!...

Por que você se foi, mamãezinha?

Informaram-me que Nosso Senhor recolhe as mãezinhas na Terra, para convertê-las em estrelas nos céus. Não acreditei! Todavia, quando a noite da soledade me envolveu na escuridão, vi duas estrelas brilhando junto a mim...

Seriam seus olhos fulgurantes, clareando meus passos trôpegos?

Oh! Mamãezinha, ouço em derredor outras crianças que gritam e abraçam em transportes de júbilo o abençoado coração maternal!

Somente eu não tenho mais você!... Sou débil plantinha que não encontra alfombra para agasalhar-se, nem mesmo tronco robusto para se apoiar...

Todavia, eu sei que você partiu, embora eu a sinta comigo, pois que, freqüentemente, me parece ouvir a sua voz, cantando baixinho aos ouvidos do meu coração, uma doce canção de ninar, quando eu não consigo dormir...

Enquanto as casas se iluminam e a Terra inteira se veste de alegria para homenagear as mães, deixeme dizer também com as outras criancinhas: "Deus a abençoe, mamãe!..."

E, se lhe for permitido, somente hoje, quando eu me for deitar, volte outra vez ao meu berço pequenino, e repita bem suavemente, para que somente eu possa ouvir: "Durma, durma, meu filhinho, para que os anjos dos céus venham buscá-lo..."

Anália Franco

7

Rogativa

Coração,

sou a débil manifestação da vida que lhe roga socorro e compaixão. Não me deixe sucumbir. Originado num momento de enlevo, peço-lhe misericórdia e oportunidade de êxito.

Semelhante a cristalino orvalho, detenho-me nas pétalas da rosa da infância, sacudido por ventos infrenes que me ameaçam.

Nas horas ardentes do dia, o sol das paixões me rouba a vitalidade e, no silêncio das noites, sofro o guante do frio que sopra, impiedoso, ceifando a haste que me sustém, usurpando a minha estabilidade.

Ajude-me agora, enquanto eu sou uma esperança.

Depois talvez, seja muito tarde.

Ainda conservo a pureza sem mácula, guardando luminosidade interior.

Tombando ao solo, confundir-me-ei com o pó transformando-me em lodo vil.

Não me oculte sua mão socorrista nem se faça surdo ao meu apelo.

Enquanto os seus filhinhos dormem em leitos fofos, carinhosamente cuidados, eu sou qual avezita abandonada em ninho desfeito, que tombou sem abrigo...

Eles recebem os seus beijos quentes em faces coradas, ao tempo em que a minha palidez se umedece de suor, após a febre que me assinala a presença pertinaz da doença zombeteira.

Fitando os seus amores – jóias preciosas com que o Pai Celeste coroou o seu amor – lembre-se de mim, ameaçado e a sós, sem mãos que me agasalhem nem coração que me receba. Não me recuse a oportunidade de viver. Não demore em me receber.

Transforme-se em teto de santificação que me guarde e, por amor, alongue-me seus braços. Você me encontrará facilmente. Sou esse corpo infantil que fita a migalha de compaixão que você ainda não quis oferecer.

Você discute a forma como ajudar-me, e eu sofro a impiedade de uns, a perseguição de outros, contagiando-me nos males de muitos...

Você debate a melhor pedagogia para aplicar em favor do meu esclarecimento, e a Escola da Vida, com o descuido de tantas almas, desagrega, com as ferramentas do pessimismo e do desencanto, as minhas possibilidades, malbaratando os meus recursos ainda intactos, no cofre do sentimento.

Levante-se, coração maternal, e venha salvar-me por amor aos seus próprios filhos. Abandonado, poderei tornar-me ameaça ativa e continuada à felicidade deles...

E recorde que, se você houvesse partido para a Mansão dos Bem-aventurados deixando, na Terra, os seus filhinhos, você bendiria aqueloutras mães que os aconchegassem ao seio, defendendo-os e guiando-os.

Também eu, no Reino da Ventura Inefável, tenho um anjo em forma de mãe, rogando a Jesus para que você me recolha no lar de amor onde vibra o seu abençoado coração.

Anália Franco

8

Convite aos espíritas

No momento em que as aflições alcançam os mais expressivos índices de alucinação e delinqüência, decorrência natural do estado de transição sócio-moral por que passa a Humanidade; no instante em que as mais expressivas cifras de necessidades demonstram a inevitável falência das doutrinas utilitaristas, que esperavam comandar as mentes humanas; quando o homem apresenta o cérebro enriquecido de fórmulas que equacionaram alguns dos complexos fenômenos da Natureza e da vida, embora trazendo inevitáveis conflitos do sentimento e da própria razão; diante dos mapeamentos das regiões cerebrais, que facultam o entendimento de inúmeros problemas do comportamento, apesar de abrindo-se outras áreas inexploradas; perante o sofrimento que ganha as ruas das cidades famosas do mundo, exibindo as feridas morais e espirituais da civilização, não podem ficar indiferentes aqueles que encontraram, na Doutrina Espírita, as respostas hábeis e claras para os múltiplos quesitos da realidade existencial do homem.

Identificando, no espírito, as matrizes de todas as ocorrências do ser inteligente e, no seu comportamento, as gêneses das volumosas quão perturbadoras distonias dos grupos, sabe, o espírita, que qualquer atitude para facultar os resultados que seriam de desejar deve ter sua ação na realidade imortal, modificando-lhe a visão e o entendimento sobre a vida, de modo a serem geradas novas razões que, a curto, médio ou longo prazo influenciarão a sociedade, após transformar o próprio indivíduo.

Qualquer solução que não penetre no âmago da vida espiritual, não passará de paliativo para a conjuntura hodierna, quanto sucedeu, no passado, em que se procurou amputar os efeitos ou corrigi-los sem atuar nas nascentes donde se originaram.

O Espiritismo, na sua perfeita síntese de conhecimento e informação, penetra as suas observações nos fatores predisponentes e preponderantes dos fenômenos humanos, possuindo, desse modo, as chaves interpretativas para as suas incógnitas.

O avanço do conhecimento e a mudança das paisagens sócio-político-religiosas ocorridas no mundo, facultaram uma melhor oportunidade para a vigência e a experimentação espírita, alterando os mecanismos da antiga perseguição para uma quase tácita aceitação do conteúdo Doutrinário do pensamento Kardequiano, ao tempo em que uma auréola de respeito passou a envolver os profitentes da Terceira Revelação...

Como conseqüência, parece ter havido uma diminuição de motivo, fervor e interesse em muitos arraiais do movimento espiritista, em que se acomodam os adeptos e os militantes, numa falsa colocação de que tudo está bem e nada se deve fazer, não sendo mais necessários o antigo ardor nem o anterior espírito de serviço.

É óbvio que se multiplicam, abençoadas, as exceções.

Embora a vigência dos modernos Estatutos legais mais condizentes com as necessidades humanas e com perspectivas de melhorar, já não se afiguram – afirmam os mais acomodados – necessários o sacrifício e a dedicação evangélica como nos dias apostólicos do Cristianismo ou nos anos que sucederam à Codificação do Espiritismo, em que havia um entusiasmo e labor sadios, crescentes, que produziram apóstolos e mártires, como sucede com todos os ideais de enobrecimento da Humanidade.

Aparecem mesmo, nestes dias paradoxais – de cultura e ignorância – pessoas desinformadas ou presunçosamente esclarecidas que propugnam por um *revisionismo doutrinário*, apontando erros e impondo regras novas, num total desconhecimento de profundidade, a respeito da Mensagem Espírita, que permanece inexplorada, aguardando estudiosos e aplicadores que se resolvam por apressar o período de renovação social, previsto e anunciado pelo preclaro mestre de Lyon.

Possivelmente, as circunstâncias sócio-econômicas, os fatores pressionantes dos tempos de luta tiranizante têm distraído os espíritas, de maior dedicação à prática e ao estudo do Espiritismo, sendo logrado conseguir-se simpatizantes para a Causa e poucos espíritas verdadeiros para a vivência da Doutrina.

O seu estudo metódico, a sua divulgação através dos recursos próprios à mentalidade moderna, a vivência honesta dos seus ensinos, através da Caridade, constituem desafios que aguardam os interessados, a fim de que ressuscite o espírito missionário, que lentamente cede lugar ao fenômeno acomodatício da indiferença ou à reação da agressividade injustificável.

Pessoas que antes se dedicavam, motivadas pelo combate sistemático contra este ou aquele credo religioso ou filosófico, não aprenderam a atuar a favor do Bem, sem o hábito de enfrentar *adversários*, valorizando, quanto devia, a ação do progresso e da educação das massas, através da informação positiva e da terapia preventiva contra os erros e gravames, de que o Espiritismo é rico em contribuição.

Na falta, portanto, dos *inimigos* tradicionais, que geraram conflitos em todas as áreas do progresso humano, os combatentes voltam-se, agora, para apontar erros no Movimento, evadindo-se da tarefa de ensinar pelo exemplo, brandindo as armas do trabalho eficiente em vez da catilinária verbalista ou das páginas que incendeiam os corações e aturdem as mentes...

Campo de debates, onde cada qual é independente para agir e encetar o dever da opção assumida, o Espiritismo é Doutrina de liberdade, sem que, neste contexto, possa alguém se eximir da conseqüente responsabilidade dos atos.

Indispensável que todos nos conscientizemos – desencarnados e encarnados – dos compromissos perante a ensementação do bem, na seara do Senhor, e, sem medirmos esforços partamos para a lavoura da realização, porquanto, nunca, tal como agora ocorre, houve tanta necessidade do conhecimento, da vivência e da lição espírita, modeladores de um homem feliz e de um mundo melhor.

Em todo lugar onde nos encontremos, envidemos esforços para a verdadeira luta, do amor contra a brutalidade, da educação contra a ignorância, oferecendo a quota de luz que todos possuímos, na certeza de que este é um dever nosso – de espíritas – que não podemos postergar ou transferir para outrem.

A nossa oportunidade ditosa surge e logo passa. Utilizemo-la com a sabedoria de quem examina antigas paixões com a tranqüilidade do tempo que as venceu, aplicando os resultados para o próprio e o bem geral.

Ergam-se os trabalhadores do Evangelho Restaurado e entreguem-se à faina desafiadora que assinalará a Era Nova que se anuncia no momento das grandes dores que caracterizam a transição do "mundo de provas e expiações" para o "mundo da regeneração".

Aristides Spínola

9

A verdadeira conquista

Quando o homem, por primeira vez, logrou o fascinante e perturbador sucesso de alunissar, a cultura e a civilização saudaram, no fato, o início da Era Espacial com bólides tripulados, ampliando as possibilidades de futuras viagens interplanetárias em cogitação não longe de tornar-se realidade.

Centenas de milhões de televidentes acompanharam o evento com justificável emoção, ainda mais, porque, à época, os projetos espaciais desviavam, por algum tempo, a disputa na corrida armamentista das grandes Nações, que pretendiam maior poder, galvanizando as atenções do mundo e ganhando o respeito dos povos, em face da sua avançadíssima Tecnologia.

Projetos mais audaciosos começaram a ser estudados e o Sistema Solar passou a merecer maior atenção, como passo inicial, promissor, para mais amplos e fantásticos empreendimentos, no campo da Astronáutica e da Biônica.

Não obstante todos os notáveis resultados conseguidos e a expressiva significação do gigantesco esforço, o homem, em si mesmo, não apresentou melhores disposições para a paz, nem para o bem.

Posteriormente, retornaram as ciclópicas disputas bélicas e o armazenamento de mísseis e artefatos nucleares de alto poder destrutivo prosseguiram, apavorantes, em detrimento dos esforços da solidariedade, da compaixão e da assistência às Nações pobres, favorecendo-as no precário desenvolvimento em que deperecem todas as suas forças e se esfacelam os seus ideais.

As conquistas das viagens espaciais serviram, tecnologicamente, para futuras aplicações devastadoras, na programática de uma provável guerra de extermínio, em que a vitória caberia ao povo que primeiro acione os engenhos mortíferos, ou que, numa suposta reação, em face do anúncio dos computadores notificando agressão de supostos inimigos, desencadeie a hecatombe geral por equívoco...

Os sofisticados aparelhos de detecção dos artefatos destruidores que se adentrem pelos delimitados espaços aéreos têm a missão delicadíssima de advertir e preparar o adversário, que mobilizará todas as suas forças em exíguos minutos, não podendo, por isso mesmo, haver erro, sendo máquinas perfeitas.

Como, todavia, a perfeição não pode caracterizar o homem, nem os seus transitórios feitos, não seja de surpreender que as providências acautelatórias de defesa não venham responder pela inconcebível e irrecuperável tragédia apocalíptica, em decorrência de uma *informação* errada, um defeito imprevisível ou um dado incorreto, conforme já sucedeu mais de uma vez, por pouco não se consumando a alucinação devastadora, engendrada pelo homem sem Deus e produzida pela máquina, destituída de sentimentos.

O homem, que pisou o cinzento solo lunar, infelizmente, se ganhou em Ciência e Tecnologia, não difere muito dos nautas audaciosos do passado, que lograram alcançar terras das Índias pelos caminhos do mar ou dos estóicos conquistadores das plagas americanas...

Não havendo trabalhado o país do coração, nem asserenado as províncias da mente, todos os logros e conquistas que o extasiam, passados os primeiros momentos, espicaçam-lhe os sentimentos subalternos, desenovelando as forças brutas, que nele jazem adormecidas, tornando-o verdugo do próximo, impiedoso, porque, escasseando os valores do comedimento e da paz íntima, cedem lugar os vernizes sociais, culturais e éticos aos estados das indômitas agressividade e violência.

Não pode, portanto, prescindir o processo da evolução cultural, científica e tecnológica da ética religiosa, vazada no Cristianismo primitivo, conforme os conceitos e a vivência de Jesus.

Desfigurado e adaptado às conveniências de indivíduos, grupos e Nações que nele encontram criminosas justificativas para as arbitrariedades que cometem: a escravidão, no seu pluriaspecto: social, econômico, humano e ideológico; a perseguição sistemática aos que pensam, obedecendo a esquemas não convencionais ou permitidos; a dilapidação dos valores sobre os quais assentam os seus arraiais; a guerra e os seus famigerados sequazes; o aborto delituoso;

a abominável pena de morte; os genocídios freqüentes, incorrendo em outros crimes, não menores, que passam sem mais provocar alarde nem choque nas multidões vilipendiadas, hebetadas pela soma incalculável de males já sofridos...

Mais do que nunca o homem hodierno tem necessidade da pacificação cristã, como herdeiro que é da vida, na qual se encontra colocado para progredir, amealhando bênçãos e conquistando os recursos de enobrecimento mediante os quais, e somente através deles, conseguirá a plenitude da felicidade.

Tomando como norma de comportamento o "Sermão da Montanha", seria possível reformar-se, de imediato, por conseqüência modificando a sociedade, substituindo as velhas e caducas, porém prevalecentes estruturas estabelecidas pelo egoísmo, seu terrível adversário na sua mórbida paixão de governança...

Para esse cometimento, ante a falência das conquistas exteriores e dos códigos impostos pelas conveniências da arbitrariedade humana, os Espíritos que se transferiram do corpo, sem, porém, abandonarem a Vida, retornam à Terra, convocando as criaturas ao despertamento pelo amor e pela razão, antes que a dor selvagem e devastadora realize a tarefa de edificar o mundo do futuro, onde a fraternidade e a compreensão sejam predominantes nas almas, prenunciando a Era melhor da harmonia de que fala o Excelso Príncipe da Paz...

Envidar esforços, hoje e agora, em favor do esclarecimento das consciências humanas; contribuir com amor em prol da solidariedade entre as criaturas; ceder ao bem todos os investimentos possíveis; perseverar nos ideais relevantes e enobrecedores; zelar pela ordem e viver a caridade sob a meridiana luz do Evangelho desvelado pela Doutrina Espírita são compromissos e deveres de todos aqueles que confiamos na Vida e anelamos pelo bem na Terra como etapa próxima de ventura para todos.

Aristides Spínola

10

Forças mentais

As forças mentais, que jazem inatas no homem, continuam desafiando os progressos e as conquistas da inteligência. Não obstante as modernas afirmações da pesquisa parapsicológica, em torno dos fenômenos e das faculdades extra-sensoriais, formam-se opiniões apressadas e correntes de interpretação esdrúxula, teimando em negar os fatos verificados, numa atitude anticientífica, com que se pensa reduzir toda a larga cópia da documentação a expressões quiméricas quais as de prestidigitação, truque, fraude...

Os fenômenos de telepatia e de clarividência, atestando a percepção paranormal da personalidade humana, no campo da informação intelectual, a par dos fatos vinculados à psicocinesia, no terreno da interferência da mente por processos parafísicos, na experimentação material, dão uma visão perfunctória, embora, das imensas possibilidades latentes, a desafiarem os estudiosos e interessados na vida extra-sensorial do homem.

A Neurologia, em avançadas conquistas, desvela problemas dantes não sonhados, facultando a identificação e a solução de males que vêm afligindo milenarmente o ser, enquanto a Psiquiatria logra com ampla facilidade e perspicácia, identificar, em diagnose rápida, os múltiplos distúrbios do comportamento humano, nas complexas manifestações das psicoses, das neuroses, da loucura...

A vasta compreensão das questões psicopatológicas faculta tal dimensão ao problema, que abarca desde as simples manifestações da mágoa à angústia dos tiques nervosos às neurastenias de profundidade, da emoção resultante pela perda de pessoas amadas às complexas tormentas das psicoses maníaco-depressivas e outras, da afetividade, dos receios simples aos pavores e frustrações, das ansiedades aos tormentos das alucinações, determinando os fatores nocentes propiciatórios de tais afecções mentais...

Embora o valioso programa de estudo e atualização das psicopatologias, que afinal, na sua generalidade, atingem a quase totalidade das criaturas, enquadrando cada indivíduo num dos esquemas da sua variada gama, o processo terapêutico não alcançou os esperados eficazes resultados com a mesma celeridade.

Partindo-se dos métodos tradicionais, que fizeram época na Idade Média pela impiedade de sua descabida usança, ainda se aplicam, mediante os barbitúricos, as drogas aditivas, o eletrochoque, os processos nos quais vige a crueldade, quando não a indiferença pelo paciente, reduzido a cobaia inerme, no qual a inépcia de uns e o receio de outros homens, transitoriamente investidos no diploma legal para "curar", parecem desforçar-se da permissão que tais doentes se facultam de tomarem posições e assumirem comportamentos não sociais, que os chancelam como psicopatas.

Concluem diversos autores e estudiosos que se atrevem a amar os pacientes, ao resolverem partir as engrenagens das máquinas do profissionalismo utilitarista, que o enfermo da razão tem mais carência de amor do que necessidade das drogas anestesiantes, hebetadoras, que imbecilizam, enquanto se aguardem os desconhecidos mecanismos da reação orgânica, restituindo-lhes o delicado equilíbrio que perderam...

São concordes em profligar esse comportamento, que nominam como desumano, apelando para os formosos recursos psicoterápicos, a par das nobres técnicas do ludo, da praxiterapia, da catarse de grupo, da psicanálise individual e grupal, da psico-sociologia, interessando os pacientes nos labores e deveres da comunidade, de que se não devem apartar, exceção feita aos problematizados de profundidade, vitimados por estados depressivos graves e de agressividade perniciosa ou noutros portadores de infecções microbianas com as conseqüentes lesões do encéfalo, dos condutores do sistema nervoso, da medula, como nos casos da encefalite bacteriana, da poliomielite, dos tumores cerebrais, dos traumatismos cranianos, gerando enfermidades psicossomáticas que necessitam de terapêutica específica...

Tais conclusões são perfeitamente concordes com os preciosos ensinos espíritas que recomendam a terapia fluídica, através da transmissão das energias de que todos somos dotados, seja pela utilização do recurso do passe, seja pela magnetização da água, usando-se o contributo mental por processo de fixação telepática e transmissão de recursos otimistas, de energias salutares que refazem o metabolismo, contribuindo eficazmente para o restabelecimento da saúde mental, e, por extensão, da psicofísica...

Não desejamos referir-nos aos problemas obsessivos por meio dos quais a interferência de Entidades desencarnadas adversárias, em processo de imantação psíquica lamentável, fazem que se derrape para as subjugações ou as vampirizações clamorosas...

A mente encarnada é detentora de forças que necessariamente canalizadas, se transformam em eficazes recursos de que o homem se deve utilizar a benefício do próximo e de si mesmo.

A indevida aplicação das energias mentais pelo uso exacerbado das frivolidades e dissipações produz dependências ultrizes, facetas que se transformam em auto-obsessões de resultados fatais. Outrossim, facultam a vinculação com outras mentes, as desencarnadas irresponsáveis, que se utilizam da hospedagem psíquica para alienações de largo porte, nefastas.

O hábito salutar do exercício mental no cultivo das idéias superiores, das leituras edificantes, das conversações instrutivas, das reflexões, produz aumento das potencialidades mentais, que dinamizam as forças psíquicas, que se desdobram sob rigoroso comando, graças à disciplina que se lhes imponha, com a finalidade de uma utilização nobre e responsável em função co-criadora, em nome de Deus, ou vitalizadora, em função do amor que vige em toda parte, expressando a Sua infinita misericórdia.

A prece, por sintetizar todas as necessidades evolutivas da alma, gera comunhão com as Potências que regem a Vida, faculta equilíbrio em face do seu conteúdo otimista e de alta expressão emocional, sendo por isso mesmo o mais valioso método para o desdobramento das forças mentais do homem, de que o corpo é simples instrumento, já que procedente da alma, que é o ser real, preexistente e sobrevivente, a ele, transitório, plasmado por aquela, conforme as necessidades para o mister da evolução.

Mediante sutil mecanismo de afinidade, a mente que ora sintoniza com as forças superiores que movimentam a vida, produzindo intercâmbio vigoroso que produz harmonia interior, calma e equilíbrio comportamental, logrando criar uma psicosfera positiva que nutre quem a elabora e revigora quem a absorve pelos mesmos processos de conformidade espiritual.

A mente são as diretrizes que se lhe dêem.

Fadado à felicidade e à perfeita paz, o Espírito é instrumento da vida, colocado na Terra para a aquisição de experiências, a iniciação da sabedoria, o exercício da solidariedade e do bem comum, de que resultará o seu próprio bem.

A mente é departamento divino de que cada qual se deve utilizar na construção da liberdade real e do progresso sem limite.

À medida que as experiências paranormais conscientizem o homem sobre os recursos de que pode dispor, melhor entenderá o conceito evangélico, quando o Senhor assinala "que todos somos deuses, podendo fazer o que Ele fez, se quisermos", transformando o nosso querer em poder, mediante os investimentos do esforço pessoal bem conduzido e do sacrifício das vaidades sob o comando da vontade correta.

Não negando as afirmações parapsicológicas em torno das forças mentais, antes concordando com elas, o Espiritismo amplia o campo desses preciosos valores, estudando e esclarecendo quanto à anterioridade e casualidade da vida espiritual, dando mais amplos e mais seguros informes sobre ângulos nebulosos que permanecem, na teimosia dos investigadores que se negam examiná-los na feição kardecista, por preconceito ou por ignorância real das admiráveis revelações de além-túmulo.

Em face das demonstrações parapsicológicas, a atualidade da Doutrina Espírita sobre as forças mentais contribui com valiosa psicoterapia de natureza fluídica a beneficiar a Humanidade sofredora, nesta alvorada dos tempos novos com Jesus Cristo, moldando com segurança o mundo melhor para amanhã, mediante o homem equilibrado e feliz desde hoje em programação.

Aristides Spínola

11

Educação mediúnica

Inúmeros companheiros de lides espiritistas queixam-se, amiúde, dos parcos resultados que colhem do exercício da mediunidade.

Afirmam que, não obstante freqüentarem reuniões específicas para a educação da mediunidade, os tentames encetados durante vários anos a fio não produziram os frutos esperados.

Os que lograram algum efeito positivo informam que as comunicações recebidas não passam de trivialidades, quer no fundo quanto na forma.

Todos esclarecem que esperavam uma colheita estimulante, podendo demonstrar, sem qualquer dúvida, a procedência extrafísica das mensagens, a interferência mais evidente dos Espíritos desencarnados.

Como efeito, entremostram-se desanimados, duvidosos, com receios que não se justificam.

A mediunidade, como é compreensível, varia de indivíduo para indivíduo, sendo mais expressiva nuns do que noutros, portadora de características e peculiaridades especiais programadas para objetivos correspondentes.

Cada médium está incurso numa tarefa a que se deve adaptar, perseguindo os objetivos do próprio aprimoramento e contribuindo para o bem geral.

Graças ao passado espiritual de cada qual, variam as potencialidades psíquicas, não havendo, portanto, dois médiuns iguais, como iguais não existem comportamentos e realizações noutros setores de atividades morais.

A educação da mediunidade exige a aplicação de recursos que dependem do próprio candidato, a benefício de si mesmo.

O fenômeno espontâneo, natural, irrompe sem que se estabeleçam condições antecipadas. Todavia, quando se deseja desdobrar os recursos mediúnicos e canalizá-los corretamente, o estudo consciente da Doutrina Espírita se apresenta como condição primeira, inadiável.

Concomitantemente, a reforma moral do aprendiz e o esforço pela vivência dos ensinamentos evangélicos numa edificante atividade de socorro fraternal, atraem a atenção dos bons Espíritos que se dispõem a contribuir, por sua vez, no desdobramento dos labores a que se candidata.

A perseverança no compromisso e o recolhimento íntimo, com desapego natural das paixões inferiores e dos artifícios secundários da vida social com suas questiúnculas e condicionamentos, produzem uma liberação das matrizes dos *registros psíquicos* aos quais se adaptam as *tomadas mentais* dos Benfeitores desencarnados, estabelecendo-se um seguro intercâmbio que se fará mais pleno e fiel à medida que se depure e se eleve o médium através da vivência dos postulados espirituais.

A mediunidade colocada a serviço de Jesus deve ser adaptada ao programa que se origina no mundo espiritual, tornando o medianeiro dócil e submisso ao trabalho superior, evitando impor-se, exigir condições especiais e resultados rápidos que parecem levar à *promoção pessoal*, ao *sucesso*, ao *relevo* e ao *aplauso*.

Tenha-se em mente que o trabalho, na mediunidade espírita consciente, ainda é sacrificial, de renúncia e evolução, embora os que se devem afadigar no labor dignificante não se queixem, não o confessem, não relatem as dores e dificuldade sofridas, essas lapidadoras abençoadas da vida.

Por fim, a conduta do aprendiz da mediunidade deve ser a mesma, disciplinada e moralizada, em particular como em público, durante as reuniões especializadas ou fora delas, médium que é em toda circunstância, atraindo companhias conforme a direção mental em que se projete e a psicosfera em que se movimente.

Batuíra

12

A violência

Genericamente, por violência, tomamos a atitude agressiva, desconcertante, que produz choque e gera receios.

Sob este aspecto, a violência se espraia por todos os quadrantes da Terra, ameaçando a integridade física, moral e social da Humanidade, convocando os estudiosos do comportamento a encontrar a gênese dessa atual nefasta epidemia...

Sempre houve violência no mundo; não porém, generalizada, como hoje.

Antes era excercida pela prepotência dos dominadores de povos e pelas castas que se permitiam privilégios absurdos, espoliando e afligindo os fracos que se lhes submetiam, inermes.

Se considerarmos, porém, mais atentamente, os fatores criminógenos que levam a criatura a delinqüir, vitimada pela violência, identificaremos os estados da insatisfação íntima, dos distúrbios da emotividade, aliados aos graves fatores sócio-econômicos de alarmante gravidade.

Esta violência, no entanto, que é alucinação, desequilíbrio psíquico, chama a atenção, estarrece...

Outra forma de violência há, mais grave e danosa, portanto, merecendo maior investimento, a fim de ser bloqueada ou anulada nas suas nascentes virulentas, propiciadoras daquela que estruge nas avenidas elegantes e logradouros miseráveis do mundo, aviltando e destruindo.

Porque lesa os centros do sentimento humano, passa despercebida ou dissimulada, ocultando-se nos sorrisos da desfaçatez e da impiedade, aplaudidas pelos interesses subalternos, nos recintos das ilusões douradas, onde muitos de locupletam.

A presença, na sociedade, de velhinhos em desvalimento, sem albergue nem amparo; a negação do direito de mínimo socorro da saúde a centenas de milhões de enfermos; o desinteresse pela falta de pão e água a incontestável e crescente número de seres em condições sub-humanas; o abandono a que se encontram relegadas incalculáveis legiões de menores carentes; a tremenda escassez de oportunidade para a educação de menores em formação da personalidade são um libelo terrível, constituindo a mais torpe forma de violência contra o homem, em desrespeito à inalienável condição de criatura, que as Leis e os cidadãos dominantes desprezam e abandonam, impondo, na escravidão da ignorância que se estabelece, penas superlativas, injustas e ingratas...

Coexistirem o luxo e a miséria, a abundância e a escassez, o excesso e a ausência gerando a indiferença dos primeiros pelos segundos, negando-se aqueles a entenderem os últimos, isso é fator preponderante e característico do estado de primitivismo em que transita o progresso, na Terra, longe dos valores éticos, únicos capazes de tornar a vida digna de vivida e o homem menos lobo do homem, irmão, portanto, do seu próximo.

Ultrajados pelo desdém dos poderosos, que lhes negam a oportunidade de fruir o mínimo das condições humanas, aliás, reconhecidas essas condições pelos governos de todos os países ditos civilizados, arrogam-se, na infelicidade em que se rebolcam, o dever de tomar pela força o que lhes é negado pelo egoísmo.

O problema básico da violência é o desamor humano, matriz da avareza e da insensibilidade de que se revestem os falsamente ditosos.

Quando se compreenda a necessidade de leis mais justas, objetivando atender e amparar os fracos e oprimidos, antes que mais esmagá-los e esquecê-los; quando a bondade voltar-se para o auxílio fraternal; quando o amor sensibilizar as mentes e os corações, que se volverão para a retaguarda, distendendo oportunidades de serviço e apoio, modificar-se-á a paisagem moral terrena, porque, incidindo nos fatores causais da miséria, o amor realiza a terapia preventiva contra o mal, fazendo desaparecer a violência oculta, e a que explode na desdita e na dor cederá terreno à confraternização e ao trabalho dignificante, que impulsionarão a marcha ascensional da Terra e dos homens para o estágio de mundo melhor e mais feliz.

O antídoto para qualquer tipo de violência é sempre o amor como o estímulo aos estados agressivos decorre do egoísmo.

Herança nefasta dos instintos que predominam em a natureza animal do homem, a violência se diluirá à medida que se sobreponha a sua natureza espiritual, que é a presença do Pai Criador ínsita em todos os seres.

Benedita Fernandes

13

Criança e família

Sempre que se tenha em pauta a discussão do futuro da Humanidade, a questão vital, que de imediato ressalta, diz respeito à criança.

Não se podem estabelecer programas de ação para o porvir, sem que se cuide dos elementos básicos para esse mister.

Em qualquer empreendimento humano que objetive a sociedade do amanhã, é indispensável não nos esquecermos da realidade dos dias atuais, cuidando-se de dignificar os que transitam na infância, ora desarmados de recursos éticos e de apoio emocional, carentes de amor e arrojados aos despenhadeiros das sensações grosseiras, que os debilitam e esfacelam.

Não nos referimos aqui, apenas ao *menor carente*, àquele que padece das ásperas quão infelizes conjunturas sócio-econômicas e que constituem os milhões de vítimas dos processos políticos impiedosos, geradores dos cânceres morais da ganância, da arbitrariedade e da prepotência a que se submetem os inditosos fomentadores do poder desvairado.

Tampouco analisamos a situação dolorosa dos pequeninos sem pais, que são atirados, sem maior preocupação, às Instituições, onde se transformam em um número para representações estatísticas, ou nas quais são exibidos para inspirar a compaixão de uns, enquanto se exaltam outros sob os rótulos da solidariedade, da filantropia ou da caridade...

Detemo-nos a examinar o problema da criança, no contexto da família moderna, quando os sentimentos do amor e do dever se fazem substituídos pelas fórmulas simplistas e pelas ações fáceis, mercantilizadas, de assistência moral e educacional.

Tornando-se vítima, insensivelmente, do processo tecnológico avançado, o homem vem cedendo aos automatismos que o vencem, em detrimento das realizações com que se felicitaria, não se permitisse exageros na pauta das ambições do ganho e do gozo.

Dizendo-se vítima das pressões de vária ordem, em decorrência dos impositivos do momento, a criatura entrega-se, em faina extenuante ou aventureira, à conquista dos valores amoedados, transitórios, elaborando mecanismos escapistas para o prazer, com os quais espera fugir às neuroses, não possuindo tempo nem paz para os deveres gratificantes da família, do lar, da prole.

Os cônjuges, em decorrência desse aturdimento, saturam-se com rapidez, engendrando técnicas de liberação ou desfazendo os vínculos matrimoniais, que foram estabelecidos à pressa, atendendo a caprichos infantis, possessivos, ou a interesses outros, subalternos, aos quais arrojam, sem melhor exame, o destino e a responsabilidade.

Outras vezes, em face ao desgaste resultante dos excessos de qualquer porte, adotam atitudes extravagantes, de demasiada permissividade, ou de irritação e desmando, dando curso a estados instáveis e emocionalmente inseguros, em que os filhos se desenvolvem, entre indiferenças, desagrados, mimos impróprios e complexidades emocionais, geradores de futuros distúrbios do comportamento.

Quando afloram os problemas, na difícil convivência doméstica, recorre-se, apressadamente, a soluções de psicólogos ou psicanalistas, ou educadores talvez sem vivência dessas dificuldades, honestamente interessados, é certo, que deverão realizar em breves horas, adrede marcadas, o que se malbaratou nos demorados dias da convivência familial.

Os frutos de tal sementeira são, sem dúvida, amargos ou precipitadamente amadurecidos, quando não despencam da haste de segurança, em lamentável processo de deteriorização.

Ocorre que a família é o núcleo de maior importância no organismo social.

Quando se desajusta, a sociedade se desorganiza; quando se estiola, a comunidade se desagrega; quando falha, o grupo a que dá origem sucumbe.

Santuário dos pais, escola dos filhos, oficina de experiências, o lar é a mola mestra que aciona a humanidade.

Nele caldeiam-se os sentimentos, limam-se as arestas da personalidade, acrisolam-se os ideais, santificam-se as aspirações, depuram-se as paixões e formam-se os caracteres, numa preparação eficiente para os embates inevitáveis que serão travados, quando dos relacionamentos coletivos na comunidade.

Isso, porém, quando o lar, por sua vez, estrutura-se sobre os alicerces ético-morais dos deveres recíprocos, cimentado pelo amor e edificado com o material da compreensão e do bem.

Sem tal argamassa, desmorona-se, facilmente, embora permaneça a casa onde se reúnem e se agridem as pessoas, em beligerância contínua, dando início, pela sucessão dos conflitos travados, às grandes lutas que assolam as comunidades, inspirando as guerras a que se atiram as Nações.

O lar é o suporte imaterial da família, que se constrói na casa onde residem as criaturas, independendo dos recursos financeiros ou dos requintes exteriores de que esta última se revista.

São o comportamento, as atitudes, as expressões de entendimento fraternal e de responsabilidade que *edificam* o lar, formando a família, pouco importando as condições físicas do lugar em que toma corpo.

A criança, que vive na psicosfera de um lar harmônico, no seio de uma família que se compreende e se ajuda, transforma-se no elemento seguro de uma futura humanidade feliz.

Todo investimento de amor que ora se dirija à criança é de emergência. Sem embargo, de igual necessidade é a educação dos adultos antes que assumam a responsabilidade da progênie, impedindo-os de transferir as suas inseguranças, descontroles, imaturidades, conflitos com que condenam o futuro a imprevisíveis desastres, de que já se têm mostras, a todos arrastando a irreversíveis situações de dor, que se alongam depois do desgaste físico, nos largos cursos da vida espiritual.

Tarefa desafiadora para educadores e sociólogos,

psicólogos e demais estudiosos do comportamento e da personalidade humana, o grave problema da dissolução da família e o conseqüente abandono a que vai relegada a prole.

Adultos caprichosos e desajustados projetarão suas emoções nos filhos, em formação de estruturas psicológicas, que lhes assimilarão as agressões e os conflitos, originando-se uma reação em cadeia que explodirá, volumosa, mais tarde, no organismo social.

É lamentável e dolorosa a situação das crianças que não dispõem de recursos e foram de cedo arrojadas à carência, à orfandade. Não menor, porém, nem menos grave é o futuro incerto dos que padecem famílias desequilibradas, vivendo um presente inditoso, sob a tutela de pais egoístas, agressivos e neuróticos que se alienam, desgovernados e irresponsáveis, pensando em fruir as paixões irrefreáveis, que terminam por consumi-los na voragem da própria insânia.

Ao Espiritismo, com a sua visão cristã e estrutura filosófica superior, cabe a tarefa imediata de voltar os seus valiosos recursos para a família, trabalhando o homem e conscientizando-o das suas responsabilidades inalienáveis perante a vida, quanto informando-o sobre a finalidade superior da sua existência corporal.

Demonstrando-lhe a indestrutibilidade do ser, bem como preparando-o para as vitórias sobre si mesmo, o conhecimento espírita fará que se esforce por agir com acerto, recuperando-se, na convivência de que a reencarnação ora lhe faculta, dos erros transatos, enquanto lhe oferece as oportunidades superiores para o seu futuro ditoso.

Com o homem renovado e responsável, surge o

lar equilibrado e sadio, onde se formará a criança enobrecida, rumando para uma sociedade melhor.

Pensando-se, portanto, em termos de futuro, a criança deverá ser sempre a preocupação primeira, e a família, a modeladora inevitável que a trabalha, preparando-a para o amanhã, o que constitui o grande desafio que nos cumpre atender com elevação e dignidade.

Parafraseando Jesus, repetimos:

–"Deixai que venham a mim os pequeninos"... porque à família feliz e nobre pertencerá o reino dos Céus.

Benedita Fernandes

14

Cruzada de amor

Os altos índices da atual delinqüência infanto-juvenil, cada dia mais afligentes, atestam o malogro da cultura, diante do problema-desafio, que se converte em látego, vigorosamente aplicado na criatura humana.

O menor carente, que assume um comportamento anti-social, é a pungente vítima dos desequilíbrios que sacodem as estruturas da comunidade terrestre.

Os estudos sinceros que pesquisam as causas da criança em abandono, não se deveriam deter apenas nos fatores sócio-econômicos, sócio-políticos, encarregados dos despovoamentos dos campos e a conseqüente densificação massificadora dos centros urbanos; os sub-empregos e biscates; as favelas, promíscuas e insalubres; a ignorância; o sexo sem responsabilidade, senão, também, o desamor que grassa em toda parte, tornando as criaturas indiferentes aos problemas e necessidades mais primárias e mais urgentes do seu próximo.

Este drama não é apenas de um povo, senão da maior parte dos países que constituem a Humanidade.

Não é uma resultante exclusiva da miséria econômica, desde que o menor em desvalimento moral é encontrado nas chamadas sociedades abastadas, apresentando as chagas decorrentes da situação em que se encontram.

Certamente, a questão requer mais profundo exame, a fim de que se encontrem as soluções adequadas. Todavia, enquanto não se podem aplicar os recursos especializados, deve-se tentar a experiência do amor, considerando-se a grave ocorrência como de todos, conforme o é, antes que somente dos administradores e governos.

Toda e qualquer aplicação em favor da criança carente faz-se um investimento de multiplicadas bênçãos.

Inutilmente se tomarão medidas saneadoras contra a violência e a agressividade, sem que se incorram em infelizes atitudes idênticas, nada se conseguindo em relação ao futuro, que se delineia sombrio.

A terapêutica deverá ser preventiva, impedindo-se o contágio pelo crime, antes que a punição irada contra quem se apresente visceralmente enfermo.

A obra não pode ser realizada sob a comoção dos torpes acontecimentos que enxameiam nos periódicos sensacionalistas e se multiplicam nas ruas e domicílios do mundo. Antes, examinada com os sentimentos da piedade fraternal e da solidariedade que todos nos devemos uns aos outros e que é um grave compromisso para com as gerações novas.

A superabundância de uns, que se responsabiliza pela miséria de muitos, não deve esperar que as suas vítimas se rebelem, tomando pela fúria do ódio o que lhes é devido pelo natural impositivo do amor, sem que derruam, nas suas bases, os patrimônios culturais, éticos e sociais louváveis da atualidade, adquiridos a penates, no suceder demorado dos milênios vencidos.

O mais valioso empreendimento humano é o amor, e a mais elevada conquista da vida é o homem no seu processo de engrandecimento, na direção da Vida.

Em cada delinqüente de agora se encontra, desesperado, o menor que foi relegado ontem à própria sorte.

O porvir da Humanidade futura decorrerá do tratamento que seja deferido à criança de hoje.

Não somente é justo profligar o crime, senão trabalhar para erradicá-lo nas suas nascentes; nem apenas invectivar contra os erros da sociedade, deixando de contribuir efetivamente para impedir-lhes a proliferação, até extirpá-los do organismo social.

A quota a oferecer ao menor carente é parte da dívida que todos temos para com a floração do porvir.

Todos os cidadãos, religiosos ou não, encontram-se convocados para a cruzada de amor, em favor da criança carente e ninguém se pode escusar, pretextando não dispor de recursos para contribuir.

O simples querer ajudar já é de relevante valia, iniciando-se pelo ato simpático de sorrir para uma criança e dignificá-la com atenção, oferecendo-lhe uma palavra amiga, ao mesmo tempo esforçando-se por fomentar nas consciências o respeito pelo homem do futuro, trabalhando, a sós ou em grupo, a fim de que logo chegue o dia em que o culto do amor ao próximo não deixe de ser exercido pelo receio de ser vitimado por aqueles que a negligência e o egoísmo tenham feito vítimas.

Amor hoje e socorro também.

Prevenção do mal agora com ação positiva simultânea.

O menor, na miséria, que espia o adulto, na opulência, cedo ou tarde buscará, infelizmente por métodos errados, o que nos cumpre doar-lhe pelo sentimento correto do bem.

Todos têm direito, na comunidade humana, ao mínimo que seja, para viver com decência e liberdade. Negar tal concessão é conspirar contra a felicidade do próximo e a própria paz, agora ou depois.

Façamos a nossa parte, por menor que pareça, iniciando esta cruzada de amor, que vem sendo postergada, e que não realizada, levar-nos-á aos roteiros do sofrimento e da soledade por incúria e insensatez.

Hoje brilha a luz da formosa oportunidade que se transformará em abençoado sol do amanhã, a fim de que as trevas do mal se afastem, em definitivo, da Terra, havendo perene claridade de paz nas mentes e nos corações.

Benedita Fernandes

15

Cruz e Cristo

Discípulos sinceros do Evangelho acreditam, na atualidade, que a simbologia do instrumento no qual o Mestre padeceu no Orbe, oferecendo-nos o máximo testemunho de amor, não mais tem razão de ser evocado, não merecendo maiores considerações.

Não obstante, a cruz permanece como o ômega de qualquer compromisso para com a Verdade, enquanto se transita na Terra.

Antes dEle, era a expressão máxima do desprezo a que se relegavam as vidas que ali finavam.

Ladrões e assassinos, delinqüentes em geral sofreram-lhe a imposição sob o escárnio das massas açodadas pelo ódio e comandadas por interesses inferiores dos quais não se podiam liberar...

Ele também sofreu a zombaria e o desprezo do poviléu açulado pelos agentes da loucura, todavia, o seu era o crime de amar a criatura, que assim mesmo o hostilizou.

Depois dEle, as duas traves emolduraram-se de

fulgurante luz que atrai quantos sentem a necessidade de crescer, imolando-se em gesto de amor.

Certamente, que já não se levantam cruzes nos montes das cidades modernas, alucinadas pelas paixões desgovernadas; apesar disso, não são poucos aqueles que se entregam em holocausto pelo Cristo, em cruzes invisíveis, incontáveis.

Ei-los, atados à renúncia, abraçando a abnegação em clima de doação total;

são inumeráveis aqueles que se deixaram cravejar nos madeiros da humildade, não revidando mal por mal, incompreendidos, mas ajudando, perseguidos, entretanto, desculpando;

estão milhares carregando cruzes não identificadas de sacrifício pessoal pela Causa do Cristo, sem darem importância aos transitórios valores terrenos;

sorriem incontáveis, espalhando esperança e otimismo, sob cruzes de dores sem nome, não conduzindo queixas nem desanimando nunca;

cruzes que surgem como enfermidades soezes, que dilaceram as *carnes da alma*, enquanto consomem o corpo;

cruzes de calúnias bem urdidas, que vão suportadas com esforços hercúleos;

cruzes outras em forma de prazeres não fruídos, que se transformam em labores em favor dos outros;

cruzes pesadas, na representação de expiações redentoras como de provações lenificadoras, favorecendo o futuro da própria criatura...

Essas são as cruzes que o amor transforma em estrada luminosa, concedendo as asas para a angelitude.

Há, também, as cruzes a que muitos homens espontaneamente se prendem e experimentam o flagício que elegem, sem qualquer conquista de bênçãos.

Com os cravos do egoísmo fixam-se às *traves* fortes dos vícios e das paixões infelizes de que somente a penates de dor e desespero, em largo prazo se desprendem, para, então, tomarem a cruz do triunfo.

"Se alguém quer vir após mim, negue-se a si mesmo – acentuou o Cristo – tome a sua cruz e siga-me". (*)

O Cristo e a Cruz do amor são os termos sempre atuais da equação da vida verdadeira, sem os quais o homem não logrará a Liberdade.

Bezerra de Menezes

(*) Mateus: 16-24.
Nota do Autor espiritual

16

Palavras a um cego

Meus amigos, abençoe-nos Jesus!

Somos velhos companheiros de jornadas espirituais, repetindo experiências que o tempo nos faculta.

Ontem, conduzidos pelo desequilíbrio, assumimos compromissos que o presente nos impõe ressarcir.

Viandantes dos longos caminhos, retornamos para experiências de sublimação, vitimados pela incúria.

Assinalados pelo desequilíbrio, embarcamos no escafandro carnal para o mergulho na psicosfera terrena onde encontramos o solo abençoado para a sementeira do futuro.

Um dia, ouvimos a palavra dos Profetas ensinando-nos o reino de Deus e, não obstante, descemos da montanha da meditação para os vales do desequilíbrio matando e vingando os nossos sonhos destruídos como abutres sobre os cadáveres das gerações fanadas.

Escutamos a palavra dos filósofos e enriquecemos a nossa vida de sabedoria, mas não mudamos o nosso conceito de vivência moral.

Apesar de nos considerarmos estóicos e éticos, assassinamos, mancomunados com o poder do totalitarismo arbitrário.

Por fim, escutamos Jesus.

A palavra do Benfeitor da Humanidade, no Sermão da Montanha, falou-nos das bem-aventuranças, mas não mudou a estrutura do nosso comportamento e, em dezenove séculos de Cristianismo, temos pregado a paz, montados sobre bombas; falamos de amor, disseminando ódio; ensinamos tolerância sob o guante da perseguição; programamos a renovação da Terra sob os estigmas de nossas paixões.

Até quando, amigos e irmãos, buscaremos a verdade, pontificando na treva; até quando lutaremos pelo bem, fomentando o desequilíbrio?

É natural que a nossa colheita seja de espinhos, de pedregulhos e os espículos do sofrimento, cravados nas *carnes* de nossa alma, apontem-nos uma Estrela Polar, que é o nosso Senhor Jesus Cristo.

Cumpre-nos hoje voltar para Deus, sem exterioridades, sem a preocupação atormentante da busca dos fatos e da visão exterior.

Se fôssemos acreditar somente no que vemos e no que apalpamos, a nada, a quase nada, ficaria reduzida a nossa crença.

A maioria dos fatos, e quanto acreditamos, transcorre no campo da energia e nem sempre podemos perceber, senão, por deduções matemáticas ou por conceitos transcendentais.

Amemos!

Se não vos for possível acreditar na sobrevivência da alma, amai o companheiro do vosso caminho; se tendes dúvidas, quanto à continuação da Vida, utilizai-vos, corretamente, da vossa vida corporal e realizai o bem.

E tu, filho querido, que no silêncio da meditação pela cegueira física, pedes-me que te diga uma palavra! Pois eu darei, dizendo que são bem-aventurados os que caminham na estrada solitária, momentaneamente em sombras, sem deblaterar, porque eles terão o Céu do mundo interior salpicado de astros refulgentes.

Preserva o teu bom ânimo!

A cegueira, nem sempre é uma dura prova. Antes, é uma bênção quando a aceitamos.

Considera aqueles que vêem e que conduzem os pés para a criminalidade.

Medita em torno daqueloutros que têm a visão externa e, por dentro, estão pejados de ódio, bracejando com sombra e com amargura.

Reflexiona em torno da oportunidade que Deus te deu a fim de fazeres a *viagem* para dentro de ti mesmo.

Antes, quando podias ver o mundo de fora, conquistavas o exterior.

Da alma vazia, sentias-te insatisfeito e amargo.

Hoje, que perdeste o contato dos contornos pela visão deficitária, que se apagou, podes ver o mundo de bênçãos que está dentro de ti como uma verdadeira Via-láctea, apresentando-te paz.

O importante, filho, não é o que vemos, e sim o que somos.

Mais valioso do que ver, é ser pacífico e propiciar-se, interiormente, a alegria de viver.

Vive, pois, e ama.

Ensina com o teu exemplo a grandeza desta fé inominada.

Leva, àqueles que ainda enxergam e tropeçam, a sabedoria da tua experiência, porque dia virá, quando o corpo estiver alquebrado, em que se rasgará para ti uma madrugada de bênçãos, na qual te sentirás pleno e feliz.

Eu suplico ao Pai que te abençoe, cumulando-te de graça e de harmonia.

A vós outros, que me concedeis a honra imerecida deste momento, eu peço a Jesus que nos abençoe, fazendo que a Sua paz, que não tem atavios, permaneça dentro de nós, dulcificando-nos.

Deus nos abençoe, meus amigos, e nos pacifique!

Com todo o carinho, o amigo paternal de sempre,

Bezerra de Menezes

Nota: A presente mensagem foi recebida psicofonicamente, ao término de um entrevista radiofônica, em Porto Alegre, num Teatro com mais de 1.000 pessoas, sob a direção do Dr. Mendes Ribeiro, atendendo a um periodista que ficou cego e rogara ao Benfeitor Espiritual uma palavra de conforto.

17

Ante o infinito

O homem penetrou com as suas sondas potentes no macrocosmo, resolveu os problemas do microcosmo, no entanto, não se encontrou a si mesmo.

Equacionou os desafios que o surpreenderam, modificando a estrutura da Terra e resolvendo um sem número de dificuldades.

A Ciência aliada à Tecnologia ofereceu comodidade e prazer, todavia, o homem, em si mesmo, é a grande incógnita que espera equação.

Não obstante quase seis mil anos de ética e civilização, ainda mata por um pedaço de pão, jornadeando pelos ásperos caminhos da agressividade e do crime.

A violência ganha as cidades do mundo e as avenidas das megalópoles apresentam-se tomadas pelo terror e pelo medo, em que a vida da criatura humana vale menos do que a de um animal de carga...

Resolvendo a problemática da saúde sob muitos aspectos, nega-se a examinar em profundidade a realidade íntima de si mesmo, diante da sua imortalidade.

A vida é patrimônio divino que merece consideração, não devendo ser atirada à indiferença.

Ninguém morre.

Morrer é viver.

A vida não tem início no berço, nem se extingue no túmulo...

A vida, na sua perenidade, se origina em Deus, o Pai Criador, e marcha para Deus.

No Infinito, ante a grandeza das galáxias e no reino do elétron, pulsa a manifestação do divino pensamento, conclamando a criatura ao exame da oportunidade de que desfruta, na Terra, e de que dará conta.

Decifrando as incógnitas da vida na sua indestrutibilidade, o homem marcha para a paz, através do despertar das suas potencialidades que, por enquanto, jazem adormecidas.

Neste eclodir de realizações transcendentais, defronta os desafios do Espírito e interpreta-os, com lucidez e eloqüência, descobrindo que, na glória das realizações positivas, ruma para a felicidade, na edificação do bem geral sob o paternal amor de Deus.

Bezerra de Menezes

18

Prece

Senhor:

Desfilam pela nossa memória os santuários famosos da Antigüidade.

As cavernas profundas da Índia, onde os Iniciados rogavam proteção de Krishna para os seus labores humanos; os Templos de Heliópolis e Carnac, no Egito, nos quais os sacerdotes mergulhavam na exaltação do transe para trazer as respostas da vida abundante; o Templo de Diana, em Éfeso, transformado em colosso e glória arquitetônicos; as construções imponentes do *lar* de Zeus, em Olímpia, e os veneráveis monumentos que Roma ergueu às suas deidades famosas.

Também recordamo-nos das estelas de pedra e das mesas de sacrifício, onde as civilizações da Europa Central cultuavam as glórias do pensamento teísta até chegarmos à Capela Sistina repleta de tesouros de arte, à grandiosa Catedral de São Pedro, à famosa Catedral de São Paulo, em Londres, à abadia de Westminster e à suntuosa Igreja de Nossa Senhora de Paris, tributando-Te a gratidão e as homenagens dos que crêem no Teu amor...

Todavia, não esquecemos que elegeste a modesta estrebaria para iniciar a jornada, na Terra, entre os homens, despedindo-Te, ternamente, de todos nós, nos braços rasgados de uma cruz, a fim de ressurgires numa madrugada ensolarada, entronizando a grandeza da vida e escolhendo a Natureza como o santuário magnificente para a exaltação do amor.

Os Teus discípulos da fé renovada congregam-se aqui, diante da natureza em festa e do mesmo céu que abençoa a Galiléia, para erguer o Templo à ação do bem, em que a prece é o trabalho do amor e a contemplação é o exercício da caridade, onde os momentos espirituais se transformam em misericórdia de socorro e as emulações de natureza mística fazem-se a solidariedade, na tolerância da fraternidade, para a edificação da humanidade feliz.

Praza a Ti, Senhor de todas as Igrejas, Sublime Distribuidor de Bênçãos sobre todos os homens, que se concretizem os ideais da Boa Nova no coração de nós todos, e as pedras, o concreto, que aqui se transformarem em abrigo, guardem as gemas da solidariedade, na coroa com que o amor substituirá a de espinhos que ainda se demora cravejada na Tua fronte misericordiosa, porque, Igrejas e Templos, Santuários e Altares, a humanidade tem-nos repletos de tesouros, mas, nem sempre o amor governa aquelas edificações, já que a dor que espezinha o homem e vergasta os sentimentos asselvajando as criaturas, chibateia, no silêncio ou no vozerio dos movimentos "os filhos do calvário", que parecem esquecidos dos religiosos...

Permite, Jesus, que os discípulos da nova revelação, erguendo o seu Templo de trabalho mantenham a estrela aurifulgente da caridade através da ação iluminativa, para que o amanhã da humanidade onde vivemos, por enquanto, seja menos triste e menos sombrio, do que nestes dolorosos dias da nossa redenção.

Abençoa, portanto, o novo educandário onde os companheiros estudarão o Teu Evangelho, em união de propósitos, na unificação de ideais, mas, sobretudo, na fraternidade legítima, sem a qual malogram as mais nobres aspirações e perdem-se os mais respeitáveis esforços.

Recebe, portanto, o esforço daqueles que Te amamos, harmonizando-nos, embora as diferentes vibrações do planeta terrestre, na carne e fora dela, homenageando a Tua ressurreição que nos deslumbra, para que a verdadeira paz, que dimana do amor, seja a lição importante que deveremos aprender nos códigos da legislação divina de que Te fazes o exemplo.

Bezerra de Menezes

Nota: Mensagem psicofônica recebida na cidade de Aracaju (SE), na manhã de 13/9/81, quando da colocação da pedra fundamental da futura sede da Federação Espírita Sergipana.

19

Oração do servo imperfeito

Senhor!

Abençoa-nos, servos imperfeitos que reconhecemos ser, na longa trilha do processo de nossa evolução.

Encontramo-nos emaranhados em nosso pretérito, onde os espículos da imperfeição acicatam as nossas necessidades.

Deslumbrados pelo sol da madrugada nova, comprazemo-nos na noite demorada que nos retém, chafurdando na incompreensão e no desequilíbrio.

Prometendo renovação e paz, detemo-nos na intriga e na desídia.

Buscando o planalto de redenção, retemo-nos no pantanal do vício.

Aspirando liberdade e glória, algemamo-nos à paixão escravizante e ao defeito perturbador.

Contigo aprendemos que vencedor é aquele que

cede, ditoso é aquele que serve, feliz é aquele que doa, fiel é aquele que renuncia.

Não obstante, disputamos, nos combates aguerridos da inferioridade, os primeiros lugares; nos banquetes da fatuidade humana os ouropéis, as aguerridas disputas da pequenez carnal, sem nos darmos conta de que Tu, Senhor, Excelso Governador da Terra, abandonaste, um dia, o sólio do Empíreo para refugiar-Te na manjedoura, ensejando-nos a madrugada imperecível que traça o rastro luminoso desde o presépio de Belém à cruz de Jerusalém, a fim de dizer-nos que a ressurreição gloriosa é contingência inevitável da morte, em sombras, para o dia imorredouro da plenitude.

Abençoa-nos, portanto, Senhor, aos discípulos que Te desejamos servir e amar, construindo, no mundo, a Era Nova que o Teu Evangelho restaurado nos traz a fim de que possamos, no termo da jornada, dizer como o converso de Damasco: "Já não sou eu quem vive, mas Tu, Senhor, vives, em mim".

Bezerra de Menezes

20

Perante a vida

Enquanto os pródomos dos sentimentos nobres no homem não alcançarem o espocar das estrelas; enquanto a hidra da guerra não ceder lugar à dádiva da paz; enquanto houver o predomínio das paixões dissolventes em a natureza humana; enquanto a criatura não se curvar reverente ante a magnitude da vida, marchando na direção do amor com renúncia de si mesma, pensando antes na alegria geral, a dor cavalgará o dorso das realidades emocionais e o sofrimento campeará desarticulando os processos do viver, como realização operante do mecanismo da evolução, a bem da própria criatura.

A vida são as realizações enobrecedoras que promovem o ser, no ministério do seu crescimento para Deus.

O homem é, antes de tudo, o conjunto das conquistas positivas e negativas que lhe aprimoram a individualidade, no consubstanciar das suas realidades espirituais, na direção da Imortalidade.

Colocado na Vida pela misericórdia de Deus, o berço é-lhe porta de acesso ao corpo, tanto quanto o túmulo constitui-lhe porta de saída da matéria, não significando, um e outro, nascimento nem fim.

A vida é única na sua estrutura profunda, ensejando, pelos renascimentos corporais, a constituição da finalidade superior que é o bem.

Só há um fatalismo que é o bem.

As injunções de dor e amargura, desespero e revolta decorrem do seu primitivismo, de que se utilizam as Leis Cósmicas, em nome do Pai, a fim de a todos os espíritos conceder as mesmas responsabilidades e tarefas em igualdade de condição, com as quais logrará a vitória plena.

São transitórios, portanto, os mecanismos da dor, porquanto, na razão direta em que o amor se corporifique no ser, desaparecerão os seus adversários imediatos, geradores dos desnecessários padeceres, que são o orgulho e a revolta, filhos diletos do egoísmo.

Busquemos, desse modo, as fontes profundas do amor a que se reporta Jesus que o viveu, e o amor nos dirá como nos devemos comportar perante a Vida, no crescimento e avanço para Deus.

Camilo Chaves

Nota: Mensagem psicografada diante das Câmaras da TV-Uberlândia (MG), após demorada entrevista.

21

Máquina divina

Obra inimitável, estruturada com perfeição e superando quanto a imaginação possa conceber, o corpo físico é sublime instrumento para as superiores finalidades do processo da evolução espiritual.

Maquinaria complexa, constituída por trilhões de celulas em mecanismos especializados, recebe e emite impressões obedecendo a equipamentos eletrônicos de alta sofisticação, em conjuntos harmônicos e miniaturizados, impossíveis de ser necessariamente explicados.

A estrutura óssea de alta resistência constitui as vigas mestras para equilibrar e defender os delicadíssimos instrumentos de precisão, encarregados de responder pela vida mental e pelo equilíbrio emocional, resguardando o sistema medular, as aparelhagens óptica, auditiva, olfativa e incumbida da gustação, bem como do ritmo dos movimentos e da inteireza do conjunto.

Capaz de resistir às pressões de várias atmosferas e suportar fardos superiores ao próprio peso, adaptando-se às mais variadas condições climatéricas e de salubridade, reflete a sabedoria do Pai Criador, que o construiu dentro das regras do amor, para a peregrinação terrena do espírito.

Não obstante, é frágil.

Com capacidade para ultrapassar um século de vida, faz-se breve.

Uma emoção violenta perturba-lhe o mecanismo de alta sensibilidade.

Um coágulo, na sua rede de vasos cerebrais, paralisa-lhe uma parte motora, interrompe as comunicações, deteriora-o; uma bolha de ar fá-lo inútil; um corte que não seja reparado pelos capilares com a rede de fibrina através de um coágulo tampão, condu-lo à morte.

Portador de autodefesas imprevisíveis degenera com facilidade, mudando a estrutura que se putrefaz em rápidos minutos.

Pode demorar-se em dilacerações contínuas e restabelecer-se inúmeras vezes. Apesar disso, uma disritmia cardíaca gera danos graves, e a desoxigenação cerebral de alguns minutos provoca-lhe seqüelas irreparáveis.

Auto-reparador, elabora os elementos necessários para a sobrevivência mediante os ingredientes que recebe do mundo exterior.

Portador do mais perfeito sistema de circulação, o sangue percorre-lhe entre 150.000 a 180.000 quilômetros em um labirinto de vasos, veias, artérias que se intercomunicam, sendo uma das maravilhas que a mente humana jamais examinou. Todavia, bloqueiam-se ou rompem-se as suas redes, periodicamente, sem que se destrua o sistema.

Um corpo humano constitui tesouro de valor inestimável para o ser espiritual.

Deste depende a elaboração daquele.

Da sua condução resultam as futuras formas e a harmonia do conjunto.

Do Espírito se originam os elementos que o formam, dando-lhe equilíbrio ou provocando-lhe desajustes nas diversas áreas da emoção, da *psique*, da fisiologia ou da anatomia...

Todo ele é um complexo eletrônico, num sistema de condensação molecular, sob a direção da consciência espiritual.

Automatismos notáveis presidem-lhe a existência, no entanto, sem a direção do Espírito desagrega-se e morre.

Merece respeito e conservação, atendimento e cuidados com os quais pode ser preservado para mais largo e salutar ministério.

Todo excesso e carga a que vai submetido diminui-lhe as resistências.

Exercícios físicos corretos dão-lhe vigor, embora os exercícios mentais e as ações morais ofereçam-lhe equilíbrio, sustentando-lhe as emoções, desejos e resistências.

A prece vitaliza-o e a aplicação das suas forças no campo da caridade – o mais expressivo exercício do cristão – favorecem-no com estabilidade e funcionamento correto.

Esta máquina divina de que o homem dispõe, na Terra, é oportunidade redentora que todos devemos aproveitar, na vivência do amor puro e na experiência do conhecimento, para lograrmos a perfeição, como "o Pai Celestial é perfeito", conforme o conceito superior de Jesus.

Carneiro de Campos

22

Solução

Os nobres estudiosos da psicopatogênese das alienações mentais, porque aferrados a vigoroso materialismo, não se permitem aprofundar as sondas das investigações no *milagre* da vida, pesquisando-a antes do berço e depois do túmulo...

Analisando as causas predisponentes e preponderantes das alienações que perturbam a criatura humana, estipulam os fatores endógenos e exógenos, condicionamentos sociais, religiosos e econômicos, os traumatismos cranianos e diversos outros ainda não necessariamente investigados, deixando à margem os valiosos recursos e informes que defluem das comunicações mediúnicas, cujo suporte científico pode ser estabelecido pela experimentação no organismo da paranormalidade humana em laboratórios especializados.

Esclarecendo que a psicogênese de vários distúrbios esquizofrênicos procede do mapa genético transmitido por hereditariedade, e, portanto, resultando num quadro fatal, irreversível, de alienação mental.

Analisando o homem apenas do ponto de vista material, crêem na prevalência da máquina psicofísica à realidade espiritual, donde procedem todos os mecanismos que favorecem o estabelecimento das distonias de vário porte, que ora sobrecarregam o organismo da sociedade humana...

Barbitúricos e convulsoterápicos variados, análises demoradas, psicodramas e outros métodos são requisitados, não raro, com êxito transitório, desde que minorando a problemática estabelecida, não atuam nos fulcros geradores dos desequilíbrios e alienações...

O homem é o construtor de si mesmo sob a inalienável observância e o determinismo das soberanas Leis...

Legatário das próprias experiências, plasma numa etapa o envoltório de que se revestirá na próxima, enrodilhando-se no cipoal dos remorsos ou elaborando as asas, com que, livre, planará nos espaços da consciência reta.

Os vários distúrbios do comportamento humano encontram, na imortalidade da alma, de que dá testemunho a Doutrina Espírita, a terapia de profundidade, porquanto, restaurando a mensagem do Evangelho, programa, na caridade, mãe da esperança e da fé, a perfeita saúde mental e emocional, promotora da harmonia psíquica e física, a que se referia Jesus.

Enquanto viger o egoísmo arrimado à agressividade em atestado irretorquível do desamor, o homem transitará de um para outro estado psicopatológico, ou sofrerá distúrbio orgânico, mecanismos abençoados que são essas dores, e de que se utiliza a Vida para recuperar os transviados dos retos deveres ou acumpliciados às hostes de perturbadores desencarnados, que despertam fora do escafandro material com o concurso das aquisições lamentáveis, que os atormentam e de que se utilizam para atormentar, dando gênese às dolorosas e rudes obsessões que desgovernam, em forma de *loucura*, verdadeiras multidões invigilantes e desatentas, num conúbio intenso e alarmante entre desencarnados e encarnados.

Sem desconsiderarmos o contributo elevado dos insignes e preclaros pais da Psiquiatria moderna e demais "ciências da alma", desejamos ressaltar a urgente necessidade de examinar-se a vinculação entre os homens e Espíritos – nas obsessões –, ou no estudo das auto-obsessões, identificando o antigo infrator emaranhado nas redes dos remorsos irremovíveis, a evocar as torvas paisagens e tristes ações das experiências vividas nas reencarnações passadas, que ora experimenta, através do inevitável processo de adestramento para o dever do qual fugiu sob o superior contributo da dor...

Acendendo a fé na mente e instaurando o regime da esperança na ação da caridade, todos encontraremos a psicoterapia do otimismo e da paz, inaugurando, na Terra, o período da saúde total, sob a sublime diretriz de Nosso Senhor Jesus Cristo, o Excelso Médico de todos nós.

Carneiro de Campos

23

A questão da saúde e da doença

Por mais se aventem definições sobre a saúde e se proponham conceitos estribados em teses da observação do cotidiano, a linha demarcatória entre a saúde e a doença é *flou*, diluindo-se em aparente equilíbrio os estados patológicos ou estes desaparecendo diante da suposta harmonia orgânica.

Um conceito de saúde, para ser verdadeiro, ter-se-ia que estender, abrangente, por diversas áreas propiciatórias da normalidade geral, do bem-estar, do equilíbrio perfeito, sem dúvida mui difíceis, senão impossíveis, por enquanto, de ser conseguidos, na atual conjuntura evolutiva do planeta...

Pode alguém fruir de bem-estar orgânico, numa pretensa situação de saúde, enquanto o organismo esteja sob a injunção de enfermidades que o minam em processo de aparecimento posterior.

A recíproca também é verdadeira. Não raro, muitos se queixam de indisposições de vária ordem, de enfermidades, enquanto a maquinaria fisiológica se encontra sem maior problemática...

Todo o processo de saúde ou de doença tem a sua gênese nas engrenagens sutis e profundas do psicossoma ou perispírito, ora identificado nos laboratórios como modelo organizador biológico.

Nele estão impressos os títulos de enobrecimento ou os débitos adquiridos pelo ser espiritual nas suas sucessivas reencarnações.

Fixam-se como matrizes, em fulcros energéticos, os futuros estados patológicos, que emergem dos dínamos mantenedores da forma, exteriorizando-se na aparelhagem físio-psíquica na condição de enfermidade ou de saúde plena.

Modelando os caracteres biológicos do ser, em processo de desenvolvimento, plasmam, igualmente, as emoções e os estados psicológicos que são compatíveis com as necessidades evolutivas de cada um.

Recalques, traumas, fobias, psicoses, neuroses, ansiedades procedem das experiências infelizes em que a consciência se acumpliciou com o erro, não se havendo liberado da pesada carga de arrependimento nem de culpa, que ora ressumam com rigor, afligindo, quanto se manifestando para uma erradicação, somente possível quando o paciente, embora auxiliado, se resolve por melhorar-se, modificando as paisagens íntimas e reabilitando-se da dívida, sob o tributo do bem que faça ou do bem que a si se faça...

Disfunções orgânicas, infecções dilaceradoras, baciloses que irrompem em volúpia assustadora, apresentando uma tônica de irreversibilidade, decorrem das arritmias do psicossoma, que facultam a *virose*, propiciando a erupção da enfermidade que jaz em gérmen, e passa a contaminar o organismo, afetando-o lamentavelmente.

A par da terapêutica acadêmica, muito justo que a psicoterapia da renovação íntima do enfermo restabeleça o equilíbrio no psicossoma, em cujo trâmite surgirá uma reação antibactericida, recompondo o quadro fisiológico.

As múltiplas alergias, as dermatoses em geral, igualmente decorrem das irregularidades vibratórias do perispírito desajustado, externando-se como expurgadouros, drenos dos danos impressos nas tecelagens profundas da alma culpada.

Em qualquer problema, doença-saúde, o comportamento mental do paciente é de relevante importância.

As doses do otimismo produzem resultados compatíveis com o tipo de onda de que se carregam.

Nesse sentido, a clara advertência do Mestre, após a cura de qualquer enfermo que O buscava, tem relevante valor: – "Vai e não tornes a pecar, para que te não aconteça algo pior."

Isso porque, das ações que geram efeitos correspondentes, através do Espírito, exteriorizando-se pelo psicossoma, surgem todos os bens ou males que afetam a criatura.

Quando os geneticistas examinam o fatalismo biológico do *neuroblasto*, essa especial célula nervosa da qual se originam todas as outras, vêem-se obrigados, mesmo sem o desejarem conscientemente, a aceitar um modelador energético.

Naquela célula única estão, em síntese, todo o fatalismo biológico e a aparelhagem para a manifestação pensante, sem que as células especiais da íris venham a aparecer na câmara acústica, ou as encarregadas do metabolismo basal venham a aparecer, por *equívoco* ou *acaso*, nas câmaras pulmonares.

É o Espírito, esse peregrino da evolução, o responsável pelo corpo de que se revestirá, tanto quanto pelo *destino* que defrontará, como conseqüência das suas ações ao longo do processo de ir-e-vir.

Aprofundando-se a sonda da investigação, em torno da gênese das enfermidades, encontraremos, nos atos pretéritos insculpidos no psicossoma, os fatores que desencadeiam a degenerescência celular, a sua multiplicação anormal, como decorre nas neoplasias, principalmente nas de caráter maligno, na sua já conhecida e diversificada classificação.

Da mesma forma, somente atuando-se na causa matriz – o Espírito –, mediante a correta atitude mental e moral, poder-se-á preservar a saúde, liberando-se da enfermidade, na sua função espiritual regeneradora, como instrumento para a evolução do homem.

Nenhuma anotação em torno de qualquer doença que, alguma vez, se manifestasse no Cristo. Todavia, não raro, quando o desgaste orgânico alcança corpos habitados por Espíritos de escol, não se tenha em conta que tal seja o resultado cármico, por débitos, senão que se trata de uma eleição – a dor – para demonstrar aos coevos endividados como sofrer, embora sem dívidas, emulando todos ao avanço, à ventura.

Mens agitat molem (*) – diziam os latinos: a mente – o Espírito – move a matéria – o corpo.

(*) Virgílio: Eneida – VI, 727.
Nota do Autor espiritual.

Elevando-se o pensamento e construindo-se o otimismo com a ação positiva do bem, sair-se-á do estado da doença, de qualquer natureza, no rumo seguro da saúde integral, que é o fanal da Vida.

Carneiro de Campos

24

Sexo e educação

Arrancado das masmorras, dos porões do obscurantismo, da ignorância para a praça pública da agressão e vulgaridade, o sexo continua a merecer, senão a exigir tratamento condigno por parte de educadores, psicólogos, sociológos, religiosos, de todas as pessoas sensatas.

Ignoradas ou relegadas a plano secundário as funções da sua usança com responsabilidade, no ministério procriativo, prossegue recebendo estardalhaço e escândalo, embora sob o disfarce de educação, em moldes provocativos e de escárnio.

A ausência de maturidade emocional em muitos daqueles que se encarregam de estudá-lo com objetivos de divulgação, quase sempre portando problemas de complexidade imensa, que os torna incapazes de formulações de elevado conteúdo, esses apressados *educadores* mais perturbam e açulam as mentes jovens do que as orientam para as finalidades superiores da vida.

De profundas e graves complexidades na sua aparelhagem fisiológica, com correspondentes vinculações psicológicas mais afetas ao campo da alma encarnada, o sexo é sempre resultado, numa vida, das experiências cultivadas nas existências anteriores.

Qualquer estudo das questões da sexualidade, portanto, para alcançar as legítimas finalidades, como contributo imprescindível para a paz do homem e o equilíbrio da comunidade, deverá ser feito mediante o exame da anterioridade da alma, sem o que, por mais se penetrem nas causas atuais dos seus distúrbios, defrontar-se-ão, em realidade, efeitos dos fatores reais, que dormitam desde o pretérito espiritual, expressando-se nas caracterizações duvidosas em que ora sejam apreciadas.

Por isso que as várias gamas das suas manifestações fora da heterossexualidade não podem ser examinadas e concluídas perfunctoriamente, assim como os dramas da sexualidade no lar, de difícil compreensão imediata nas suas causalidades, jamais encontrarão soluções nos aberrantes comentários do sensacionalismo livresco ou do periodismo escabroso...

A ciência conhece, sem dúvida, grande parte dos mecanismos fisiológicos, anatômicos e alguns resultantes emocionais das engrenagens sexuais, após significativas incursões e honestos trabalhos de investigação responsável.

Falta, no momento, uma filosofia ética sobre a correta utilização do sexo como normativa eficaz para o exercício das suas faculdades.

O homem controla o fogo e drena regiões pantanosas.

Engenhos hidrelétricos extraem dos cursos

d'água, em barragens monumentais, força colossal que movimenta cidades gigantescas.

As leis de trânsito corrigem os abusos de condutores de veículos, e policiais, juristas, administradores hábeis conduzem a disciplina na comunidade, tentando evitar a criminalidade, a corrupção...

Espaçonaves engenhosas rasgam os espaços sob controles remotos, respondendo corretamente a programações extensas com que o homem penetra nos intrincados fenômenos do Cosmo.

Hábitos de higiene confraternizam com técnicas de comportamento; criteriosas terapêuticas preventivas e medidas profiláticas contribuem eficazmente para o equilíbrio, para a felicidade humana...

Todavia, quando se trata dos compromissos e das relevantes manifestações sexuais recorrem-se a tabus ou a atitudes do cinismo, sem a sã preocupação de um comportamento sério, grave, com vistas ao entendimento da questão, em clima de elevação, naturalidade, sublimação.

Inclusive no capítulo do sexo, Jesus foi excelente educador, orientando-o, embora veladamente quanto à necessidade de o conduzir a fim de não ser por ele perturbado e mal dirigido, ao elucidar: "Onde estiver o tesouro aí se encontrará o coração."

O problema do sexo, em grande parte decorrente da educação, resulta, sem dúvida, da atitude mental que se mantém em relação a ele.

Colocando-se o pensamento exclusivamente nas suas necessidades, reais ou falsas, estas assomarão em atividade perniciosa, geradora de alienações e promotora de suicídios.

Dirigido pela mente esclarecida, faz-se nobre instrumento da vida, produzindo equilíbrio emocional e paz, na programação para a qual foi elaborado pela Divindade com os elevados misteres da perpetuação da espécie.

Carneiro de Campos

25

Mundo e Jesus

O homem do mundo triunfa nas batalhas externas, porém suas glórias são vãs.

O cristão triunfa interiormente, mas suas vitórias são permanentes.

O homem que pertence ao mundo vence os outros e goza. Suas conquistas, no entanto, apóiam-se nos propósitos egoístas e os instrumentos dessa luta, raramente são lícitos, o que o torna infeliz.

O homem que se entrega ao Cristo, se vence a si mesmo, usando os recursos da dignidade quanto do valor moral em que se apóia, todavia suas realizações promovem-no à paz.

O homem no mundo é convidado a competir, perseguindo posições que, logradas, deixam imenso vazio, após o embevecimento do instante de ilusão.

O cristão no mundo é conduzido ao auxílio fraternal, e, conseguido o objetivo, não pára, porque vislumbra outras metas mais altas que o impelem ao avanço.

O mundo e Jesus!

As duas colocações parecem chocar-se numa batalha titânica, na qual, por enquanto, o mundo predomina...

O mundo é representado pela paixões e Jesus através das renúncias.

A questão faz-se, apesar disso, de fácil equação, se o homem se dispõe a uma conscientização e vivência objetiva do bem.

Vencer no mundo é fácil; vencer o mundo é desafio.

Jesus venceu o mundo e suas armadilhas, ensinando como superar as conjunturas dolorosas, de modo a viver-se no mundo sem pertencer-lhe, dele fazendo, a longo prazo, verdadeiro paraíso, conforme sua própria destinação.

Com Jesus no mundo íntimo de cada homem, o mundo dos homens será de paz e ventura.

Eduardo, Bispo de Ilhéus

26

Marcados na alma

Sempre o preconceito – esse filho espiritual da ignorância e do obscurantismo – ditando as normas infelizes da vida e levantando obstáculos ao progresso, ao soerguimento da criatura que sai da sombra no rumo da luz.

Sobrevivendo, ardilosamente, aos impositivos éticos de cada geração humana, ressuma, hábil, mantendo velhos ditames infelizes, mesmo nos dias atuais quando luz o conhecimento decorrente da experiência intelectual nas pesquisas da ciência, da sociologia, das doutrinas psicológicas.

De um lado, as excelentes aquisições do pensamento hodierno e das investigações felizes em todos os campos do saber com relevantes contributos para a estruturação segura e ditosa da vida, se espraiam na Terra. Doutro lado, a intolerância mal disfarçada, decorrente do preconceito de raça, de posição econômica, de casta, de religião estabelecendo conflitos, litígios e contendas infindáveis que, não raro, se transformam em perseguição infame aos que lhe padecem o talante.

Não obstante, a geral preocupação médica pela terapêutica recuperadora e preciosa dos pacientes vitimados pelas alienações mentais e a aparente naturalidade das pessoas, em relação aos que experimentam problemas psicológicos, não impedem que o preconceito marque os que lhes sofreram a injunção.

Embora os contributos das *ciências da alma* no tratamento e na recuperação dos viciados em drogas alucinógenas, em álcool, em substâncias adictivas, os seus libertados prosseguem marcados pelo preconceito, que lhes não perdoa a experiência, que ora lhes constitui o passado de que se desejam olvidar.

Apesar de resgatado o débito para com o organismo social, o ex-presidiário prossegue marcado pelo preconceito, que não permite esquecer o momento infeliz da delinqüência, não poucas vezes empurrando-o a inditosa recidiva, com conseqüente retorno ao cárcere.

Mesmo nestes dias denominados de "emancipação da mulher", o preconceito mordisca as carnes da alma, do coração feminino que desejou manter o filhinho indefeso, quando o companheiro a abandonou, relegando-a à posição de "mãe solteira" com que a marcam no meio social onde deve prosseguir vivendo.

O preconceito sempre levanta o mapa negativo das almas e atira em rosto a evocação do momento infeliz de quem iniciou, ou transitou pela existência planetária, com maus momentos, instantes-experiências de dor...

Quem, todavia, não jornadeou, ainda, pelas sendas, da ascensão áspera, tormentosa e difícil?

Sem o pretexto de justificar os erros e os equívocos humanos, convém ressaltarmos que os passos iniciais de todo viandante são sempre incertos, a princípio, para depois robustecerem-se na segurança, avançando com elevação e firmeza de propósitos.

A presença, todavia, mais danosa do preconceito é diante dos egressos das Colônias de Hanseníase ou simplesmente perante os liberados do "mal de Hansen". Marcados no corpo, não raro, por mutilações muito dolorosas, o preconceito marca-lhes, a fogo, a alma, indelevelmente, negando-lhes oportunidade de serem úteis na sociedade. Recuperados, formam colônias isoladas, como se fossem párias, ou devessem experimentar punição por se haverem liberado do compromisso cármico com que as Soberanas Leis os convocaram à felicidade em vigoroso resgate, isso porque são sumariamente desprezados pelos chamados "sadios" da sociedade humana.

Olhados a medo, interrogados com indiscrição, examinados como *avis rara* vêem-se constrangidos ao retorno hospitalar ou à periferia das cidades, nas circunvizinhanças da Colônia de Saúde donde saíram clinicamente curados.

Marcados, esses irmãos constituem convite à compreensão humana, já que ninguém se pode considerar indene à experiência mediante a enfermidade mutiladora, ao distúrbio mental, à queda na delinqüência...

Jesus recomendou a oração e a vigilância para nós todos, simultaneamente, e porque conhecia as limitações, as fraquezas do ser humano, ensinou-nos a pedir ao Pai que "nos livre da tentação", porquanto resistir-lhe à insidiosa e pertinaz compulsão é muito mais difícil.

Pululam em bandos, não obstante a sadia e risonha aparência, os marcados na alma, ocultando, em manobras várias e vários mecanismos psicológicos, os seus dramas e paixões, as suas ansiedades e doenças íntimas. São, também, preconceituosos contra os que apresentam sinais de fácil identificação como a realizarem uma catarse, com que eliminam os próprios traumas pelos outros ignorados, naqueles que são fáceis de conhecidos.

Indispensável pugnar-se pela chegada rápida do momento em que a mentalidade humana compreenda os seus irmãos na dor, na provação, no resgate, distendendo-lhes mãos gentis e oportunidade de crescimento, livres das marcas e mutilações morais que não mais os deverão afligir ignobilmente.

Diante da mulher que pecou, Jesus não teve outra atitude, senão a do amor e do entendimento em forma de perdão, recomendando-lhe não reincidir nos deslizes, a ela que havia delinqüido...

Diante dos enfermos de qualquer denominação, recuperados ou não, que o preconceito ceda lugar ao sentimento de solidariedade humana e de caridade cristã, para evitar que eles, nossos irmãos sofredores, prossigam marcados duramente, pela impiedade, na alma.

Eunice Weaver

27

Preservar a simplicidade

Enquanto a Filosofia elabora conceitos e estabelece escolas, tentando decifrar os enigmas da realidade humana, adentrando-se pelos meandros complexos da razão e da logística; enquanto a Ciência se aprofunda pelos arraiais da Cosmonáutica, procurando desvendar os processos da origem do Universo, ao mesmo tempo penetrando a sonda percuciente do exame no microrganismo, a fim de estabelecer a realidade da vida organizada, e a Tecnologia, em nome da investigação desvaria; enquanto as Religiões se demoram preocupadas com o número de seus adeptos e da realização promocional nos concertos das grandes Nações da Terra, o Evangelho de Jesus prossegue necessitando de aplicação urgente, de modo que possa conduzir o homem ao seu glorioso fanal, que é a plenitude da felicidade para a qual foi criado.

Não obstante os valiosos esforços dos Organismos do conhecimento, que se conjugam para a solução da problemática humana, e dos valiosos contributos para a equação de inúmeras incógnitas, outras vêm irrompendo, desafiadoras, conduzindo a inteligência, que enlouquece de soberba e de angústia, a estados paroxísticos, porque, lamentavelmente, fugindo da intolerância religiosa ancestral, tomba, irremediavelmente na mesma posição apaixonada, chegando ao extremo absurdo da negação da existência de Deus.

Não há porque se ignorar os passos avançados que as ciências ofereceram à vida, na Terra.

No entanto, simultaneamente, a angústia e o desespero passam, afligentes e devoradores, dizimando verdadeiras multidões e ameaçando a estabilidade emocional do ser pensante...

Pairando, porém, acima das arbitrárias conjunturas do momento, o pensamento do Cristo prossegue erguendo templos de amor à vida e escolas de misericórdia à necessidade e à ignorância.

Em Seu nome, o Consolador desperta as mentes e os sentimentos para a organização dos valores humanos, ensinando, através da simplicidade e do amor, a vivência de uma Era melhor e mais digna.

Por isso, não nos podemos olvidar da necessidade de preservar os princípios espíritas na sua pureza primitiva, mantendo as diretrizes cristãs em nossas Casas de oração e de serviço.

Não faltam lágrimas, nem dores, no mundo, aguardando os que realmente desejam a integração no espírito da vida, para os quais vem a Doutrina Espírita.

Pouco importam os trajes em que se apresentam os transeuntes do sofrimento: sejam sob os tecidos caros da relevante projeção social e econômica ou nos destroços do naufrágio moral e financeiro.

A mensagem do Cristo volve à Terra para conduzir o ser e ampará-lo na trajetória evolutiva por onde deambula.

Recordando a pureza do Cristo, a humildade com que sempre se apresentou e de que revestiu os Seus ensinos, cumpre-nos preservar as bases do Cristianismo, conforme a sua primeira manifestação, de modo a que o bafio do orgulho não nos envenene, nem as preocupações seitistas e divisionistas não nos separem, gerando distúrbios e dificuldades que afastem os Benfeitores Espirituais que trabalham em nome do Senhor Jesus.

Reativemos a atitude da abnegação e do sacrifício, promovendo o homem, dando-lhe repouso e resignação para a sua plena paz, preservando a simplicidade da nossa fé.

Eurípedes Barsanulfo

28

Exercício consciente da mediunidade

A palpitante questão da mediunidade e seu exercício consciente continua merecendo apontamentos e estudos que auxiliem o servidor honesto no ministério do bem a que se dedica.

Libertada das conotações deprimentes a que pretenderam atá-la a intolerância religiosa e o preconceito científico, no passado, a pouco e pouco se vão firmando os seus valores, passando a merecer inevitável respeito cultural.

Não obstante, ainda teimam algumas áreas do conhecimento em arregimentar opiniões destituídas de fundamento, mediante as quais pretendem negá-la, situando os fatos observados na faixa das alucinações psicológicas, do inconsciente individual ou coletivo, ou dos modernos agentes *theta*, em vãs arremetidas para destruir ou obscurecer os fatores causais do fenômeno, que são os Espíritos imortais.

Sob outro aspecto, em face da evidência das comunicações, que se multiplicam generosamente e em abundância, grupos de decididos militantes informam que estatísticas por eles bem elaboradas demonstram que somente ínfima percentagem atesta a procedência legítima dos Espíritos desencarnados – ainda passível de meticulosas observações e exames – nos fenômenos, sendo a quase totalidade uma decorrência anímica, quando se tratando de pessoas honestas, em última análise, fraudes verdadeiras, quiçá, inconscientes.

Novas correntes de meticulosos experimentadores pretendem concluir que o intercâmbio genérico com os padecentes da Espiritualidade inferior deve ser compreendido como fenômeno de autocomunicação, em que são agentes os próprios médiuns, que retirariam da memória do inconsciente profundo as reminiscências de reencarnações transatas, cujos componentes os tornam atônitos, neuróticos, perturbados, em alienações diversas.

Propõem-se outros investigadores a transferir o inconsciente de expressivo número de alienados para os sensitivos, que os captam, entrando no registro das aflições desses pacientes, que passariam a dialogar com as suas personalidades atormentadas, liberando-se, desse modo, dos fatores alienantes, sem se darem conta da ingerência de Entidades desencarnadas, em tais processos, comprazendo-se em produzir mais sutis e graves aflições...

Recorre-se à nomenclatura moderna, cada vez mais para fugir-se à denominação kardequiana, sem, no entanto, conseguir-se anular a causa espiritual, mediante a qual são servidas as lições do Cristo, atualizadas, a ética moral de comportamento e a salutar filosofia existencial, que propiciam a felicidade ao homem.

No pretérito, nos dias da Metapsíquica, os eminentes pesquisadores criavam, após cada experiência uma hipótese nova, evitando a teoria espírita que, na investigação futura, refundiam diante dos resultados então obtidos, que anulavam a arquitetada e audaciosa concepção anterior.

Porque os eminentes investigadores se negavam aceitar a sobrevivência da alma – embora a sempre crescente evidência e documentação probatória –, o tempo fez unir os alicerces das conceituações aventadas, e a doutrina metapsíquica tombou no olvido.

Há pouco, quando do surgimento da Parapsicologia, novas técnicas de exame foram elaboradas, mais severos critérios têm sido estabelecidos, mais exigentes cálculos são buscados, estatísticas rigorosas são consideradas na razão direta em que a mediunidade, resistindo a tudo e todos, reafirma a sobrevivência da vida à morte do corpo, conclamando o homem à religião do amor e do perdão para uma excelente vivência da caridade...

...E quando o sol da imortalidade começa a dissipar as sombras dominantes, irisando de alegrias e esperanças mentes indagadoras, os mais renitentes propõem outros métodos, através de mais recentes disciplinas como a Psicobiofísica, a Psicotrônica, repetindo os processos e passos já percorridos em mais caprichosos e sofisticados mecanismos de apreciação e pesquisa.

São credores de consideração e respeito todos os esforços honestos que levam o homem a buscar a verdade.

Imprescindível, no entanto, que o autêntico estudioso não se encontre armado de idéias e opiniões preconcebidas, submetendo os resultados e comprovações ao seu crivo, antes colocando suas concepções diante dos fatos arrolados, com a coragem de abandoná-las, quando necessário, aceitando os resultados já obtidos.

Antigos metapsiquistas, modernos parapsicólogos chegaram ao pórtico da vida triunfante e impediram-se atravessá-lo, para que pudessem declarar, com ênfase e coragem, que a vida triunfa da morte.

Não o fizeram, porque aferrados a ultrapassado e injustificável preconceito, que é adversário da atitude científica. No entanto, não sendo invulneráveis à morte, vadearam o rio da desencarnação, e, defrontando a sobrevivência, pretenderam trazer aos pósteros tal afirmação, sem se darem conta de que já não há ouvidos para eles, quanto eles se negaram aos que os precederam no mesmo empreendimento.

São inegáveis, no fenômeno mediúnico, as interferências da mente do médium, quanto são inevitáveis ao *virtuose* a harmonia ou as deficiências do instrumento musical de que se utiliza.

O fenômeno puro, total, cristalino, é tão impossível quanto o raio de sol, ao ser coado por uma lâmina de vidro, liberar-se da tonalidade que esta lhe empresta, ao ser traspassada pela luz...

Mediunidade é instrumento, é meio de que se utilizam os agentes espirituais para confirmar o prosseguimento da realidade, após o túmulo.

Por ela transitam as informações da Vida, no ministério da edificação de vidas.

Urge, que os sinceros discípulos do Evangelho se

dediquem com afã à mediunidade socorrista, estabelecendo felizes ligações com o Mundo Espiritual, atendendo aos deveres da solidariedade humana e da caridade, sem se preocuparem com outra coisa que não seja servir, amar e passar adiante, como servidor consciente das suas responsabilidades que, pondo as mãos na charrua, não olha para trás.

Cada minuto é valiosa concessão para a edificação do reino de Deus nas mentes e nos corações.

Se, todavia, o ácido da crítica ou a borra da zombaria, a mordacidade venenosa ou a dúvida sistemática chegar-lhe às portas da alma, ameaçando-lhe a estabilidade íntima, recorde-se o sincero trabalhador da mediunidade que, mesmo Jesus, quando ressuscitado, não mereceu crédito de alguns dos companheiros que O amavam, por não aceitarem a informação mediúnica daquela que O vira e com Ele conversara, sendo necessário testemunhá-lO, Ele próprio, convidando o incrédulo a que O tocasse, e invitando outros a que verificassem ser Ele...

Os que se demorarem na incredulidade, comprovarão, oportunamente, por si mesmos, quando sobre eles baixar a cortina da morte e dealbar o dia novo.

Enquanto isso, que o exercício consciente da mediunidade espírita e cristã continue, na Terra, fazendo o bem com uma mão sem que a outra tome conhecimento, nestes dias tumultuados e aflitos que se vivem, prenunciando a hora ditosa da paz com Jesus.

Eurípedes Barsanulfo

29

Jesus e beneficência

A petulância materialista de cientistas apressados e mal informados, bem como a imaturidade filosófica de pensadores do fim do século XIX programaram que o homem do futuro, aquele que viria no século XX, seria eminentemente destituído de sentimento religioso e que o espiritualismo, em breve, seria peça de museu, traduzindo um período de ignorância da Humanidade do passado...

Entusiasmados pela própria jactância, elaboraram um conceito negativista em que apoiavam as suas asseverações na certeza precipitada de que os engenhos descobertos e as elucubrações realizadas bastariam para oferecer felicidade aos seus êmulos e áulicos fascinados e aturdidos...

Chegaram mesmo a antecipar a "morte de Deus" e a desnecessidade da fé, já que a Ciência se encontrava armada para preencher todas as necessidades da mente humana na sua complexidade natural.

Enganaram-se, porém.

O dealbar do conhecimento atômico e logo depois o mergulho na intimidade subatômica, ao lado das viagens pelos horizontes quase insondáveis das modernas Cibernética e Biônica, reconduziram o ansioso pensamento da criatura de volta ao seu Criador...

As filosofias esdrúxulas, decorrentes de duas grandes guerras mundiais, cedem lugar a uma necessidade espiritual como jamais acontecida, em qualquer época da História Universal.

O homem moderno, por isso mesmo, após haver conquistado os primeiros, mais próximos degraus da Casa Galática, faz a sua viagem de volta a Deus, à fé, sequioso de luz e necessitado de paz.

A máquina por ele elaborada decepciona-o, amargamente. Havendo construído um instrumento de serviço, fez-se servo do imediatismo do objeto que se lhe transforma em veículo de morticínio e de desengano...

As doutrinas encarregadas da *psique*, enquanto mergulham sondas e bisturis nos departamentos mentais, encontrando respostas novas para os velhos problemas da personalidade, encontram-se aturdidas, ante novas interrogações desafiadoras, em face da obsessão, nas suas várias expressões, tanto quanto diante de um número expressivo de alienações que resultam do passado espiritual do ser, antes que das injunções meramente genéticas ou decorrentes das expressões orgânicas por impositivos notoriamente psicofísicos...

As ciências decorrentes da Psicologia experimental, na sua variada classificação, fascinando, inicialmente, os seus cultores, com a possibilidade de aniquilarem a problemática da imortalidade da alma, surpreendem-se com a indestrutibilidade do Espírito, após haver atravessado a aduana de cinza e lama em que se transformou a fragilidade cadavérica...

... Em conseqüência, Jesus retorna às cogitações dos gabinetes de Ciência e das cátedras de filosofia, para equacionar as dificuldades atuais que aturdem o pensamento e provocam a inexplicável agressividade que grassa, devastadora, em todos os departamentos da Terra.

Nesse sentido, e em considerando a grande dor que domina os múltiplos setores da atividade social, a beneficência é chamada a desempenhar o papel relevante de amparar e conduzir os homens, no rumo da paz e da perfeita compreensão de deveres como de direitos, com que se alçará à plenitude e à felicidade.

Jesus e beneficência!

A beneficência, representando as mãos de Jesus em forma de conchas de amor, se espraia pelo mundo remodelando caracteres, reformulando os conceitos utilitaristas e imediatistas dos dias momentosos do mundo.

Jamais superada, a beneficência esteve presente em todos os atos do Mestre.

Beneficência que amava, que servia, que instruía e libertava, emulando os que O buscavam a avançar intimoratos, no rumo da perfeita integração com o espírito amoroso do Pai.

Desse modo, ontem e hoje, agora e amanhã, beneficência sempre.

A beneficência é luz nas almas esbatendo trevas; é pão sobre a mesa, dominando a fome; é medicamento junto ao enfermo vencendo a dor; é lume de esperança, clareando as sombras; é gota de leite nos lábios da infância apoiando energias; é tecido gentil guardando a nudez; é, por fim, o amor de Jesus a expressar-se de mil modos nas diretrizes do porvir ditoso que nos aguarda a todos.

Não nos apartemos, em razão disso, dos sofredores, os queridos familiares de Jesus.

Considerando a posição teimosa dos negadores da fé, bem como a vaidosa prepotência das mentes atormentadas que trabalham, alucinadas, contra as expressões cristãs dos nossos dias, espalhemos a libertadora mensagem do Espiritismo em toda parte e em qualquer lugar, oferecendo-lhe com Jesus, a beneficência, em forma de perdão e de paciência, mediante os quais, com o tempo, eles, nossos irmãos equivocados, se darão conta das próprias veleidades enganosas, recomeçando a jornada sob o amparo da fé religiosa, hoje ou mais tarde.

Beneficência, portanto, sem cessar.

Eurípedes Barsanulfo

30

A presença do amor

Em tudo e em toda parte palpita em gérmen o amor de Deus, Nosso Pai Criador.

Nas galáxias pulsantes como nos microrganismos a divina presença do amor se faz responsável pelo desatar das forças inatas que alcançam as suas finalidades.

No bruto, o amor que dormita é semente de vida que se desata através dos instintos. No sábio, é doação, em forma de renúncia e de humildade, fazendo-o compreender a própria pequenez ante a grandeza da Vida.

Sem o amor a vida não existiria, porquanto, o primeiro gesto do Criador no rumo da Criação é uma exteriorização do Seu amor.

Porque sentiu na alma o amor arrebentar os limites em que se detinha, Francisco de Assis vitalizou a Igreja, que se encontrava em deperecimento.

Embriagado de amor, em face dos sofrimentos humanos, Vicente de Paulo ergueu a beneficência a um ponto dantes não alcançado.

Estuante de amor, Teresa Dávila consorciou-se com o espírito superior do Cristo, em profundo intercâmbio, levantando a obra da fé então claudicante e estruturando-a para sobreviver através dos séculos porvindouros.

Ouvindo a melodia do amor, Catarina de Siena atendeu ao apelo sublime do Cristo, e, mística, se transformou numa chama de fé, quando a decadência irrompeu em dissenções e lutas tiranizantes, na religião da época.

Tocado pelo amor da verdade, Antônio de Pádua ergueu o verbo inflamado, e ele próprio se transformou, superando os limites da matéria para bem servir ao Amante-não-amado.

Jesus, por amor, renunciou à glória estelar, mergulhando nas sombras do Orbe planetário, a fim de alçar o homem da sua pequenez à luminosidade solar.

É o amor que emula o santo para perseverar no sacrifício.

É o amor que imprime no herói as marcas da mansidão e da justiça.

É o amor que levanta o campeão do trabalho, na edificação do bem geral,

É o amor que penetra a alma abrasada pela beleza e pelo bem, fazendo-a crucificar-se no ideal a que se entrega em regime de totalidade.

Quando o homem não sabe identificar para viver a expressão sublime do amor, brutaliza-se.

Vinculado às paixões primeiras, ao longo dos embates pelo amor, disciplina-se e se levanta para as expressões superiores da felicidade.

Em qualquer estado da vida, no tempo e no espaço, o amor trabalha, edificando o mundo melhor. Por esse amor de profundidade, vinculemo-nos a Jesus, oferecendo-nos para este momento de mudanças no planeta de sombras, ante a expectativa do amanhecer da Era Nova em favor de uma humanidade feliz.

O sábio que não ame tornar-se-á um monstro, por aplicar indevidamente os conhecimentos de que se enriquece.

A Inteligência destituída de amor é arma perigosa nas mãos da impulsividade e do desequilíbrio.

Quando a Razão não sabe como conduzir o homem, o amor aponta-lhe a rota a seguir, facilitando-lhe o empreendimento ditoso.

Graças ao amor, a jornada, mesmo áspera, se torna ditosa, concitando o caminhante a não desanimar, nem desistir, nem parar, prosseguindo intimorato até o momento final da luta.

O amor de Deus, que tudo vitaliza, é o apelo para que o nosso amor vitalize uns aos outros nesta maravilhosa aventura da evolução.

Fabiano de Cristo

31

Rogativa de fé

Senhor Jesus:

Uma sementeira tão grande, uma tão escassa colheita de luz!

A gleba fértil e a plantação danificada.

O solo ubérrimo e o verdor fenecendo.

Dois mil anos de Cristianismo e tão pouca manifestação de bênçãos.

Até quando Te requereremos ajuda, por quanto tempo Te suplicaremos socorro rogando a Tua misericórdia?

Convidaste-nos, Senhor, para o aprisco da fraternidade.

Chamaste-nos para o dever da solidariedade humana.

Penosamente detemo-nos a rés-do-chão, negando-nos a ascender na direção dos rumos felizes.

Apieda-te de nós, Amigo Bem-aventurado de todas as horas, e enriquece os vazios depósitos do nosso espírito com as messes fecundas da tua paz!

Não somos outros, Senhor, senão aqueles atormentados, que volvemos ao Teu coração magnânimo a rogar.

Ainda repetimos a experiência sem êxito, de pedir sem doar, de rogar sem oferecer, de suplicar sem ajudar.

Apieda-te de nós e favorece-nos com os tesouros apreciáveis das tuas mercês, para que Te possamos honrar os títulos de enobrecimento e de amor.

Neste momento de comunhão, em que confraternizamos, encarnados e desencarnados, em atitude reverente, nós Te pedimos, Amigo Divino, que nos abençoes, que mitigues a nossa sede de paz, que socorras as nossas necessidades, que amenizes as nossas aflições.

Despede-nos em paz, neste breve momento, Senhor, concedendo-nos a fortuna da harmonia íntima, nesta hora de tanta tecnologia e de tanta amargura, de tanto poder e de quanta mesquinhez!

No excesso de glórias e no acume de misérias, sê Tu a força que nos comande.

Seja a Tua a presença que nos harmonize.

Permaneça em nós, Amigo de todos, a Tua paz, a Tua bênção e a Tua caridade.

Francisco Spinelli

32

Com todo amor

Mergulhados no oceano do amor de Deus, vivemos e respiramos o hálito divino, donde procede a vida.

O amor é a Causa, também a Meta, que devemos perseguir.

Quando medra o sofrimento no ideal, é o amor solicitando testemunho.

Diante da dificuldade, nos misteres do enobrecimento, renteamos com o amor pedindo guarida.

Sempre o amor.

Quando o amor abrasa a alma, qual incêndio, não se detém, alcançando tudo e todos que encontra pela frente.

A linguagem do amor é branda e dúlcida, forte e dominadora, por vitalizar a caridade, que lhe é dileta filha, minorando os males do mundo.

O amor, porém, não prescinde da humildade, que lhe é apoio e segurança, facultando-lhe compreender, sem aguardar entendimento e auxiliar, sem esperar retributo.

O ódio fala do amor doente, enquanto a indiferença se responsabiliza pelo amor ausente.

O mal é o não amor, que um dia se enriquecerá de ternura, mudando de configuração.

Faça tudo com amor na vida.

Em todas as ações coloque o "sal" do amor, a fim de lograr o paladar da felicidade.

Onde o amor se apresenta, a vitória da luz se faz, embora nem sempre percebida, não raro, em meio às sombras...

O amor perdoa, porque objetiva a harmonia, e como a ofensa e a agressividade são loucura, só o amor penetra o país do desespero para instalar a paz.

Ame em qualquer circunstância.

O que lhe acontece não resulta do acaso, constituindo amorosa oportunidade de crescimento.

Se lhe sucedem vicissitudes negativas, o amor o ajudará a superá-las; e se lhe ocorrem êxitos e plenitude, o amor lhe dirá como repartir a sua ventura.

Ame ao não-amor.

Pelo caminho semeie o pólen do amor e um dia, ao partir da Terra, você terá alcançado a felicidade de deixar pegadas de luz, assinalando o roteiro para a vitória sobre o mundo, na direção da Vida.

Irthes Therezinha

33

Adversários sutis permanentes

Comprometidos com as nobres tarefas da caridade, em favor dos sofredores, necessitados, de certo modo, que todos o somos, não faltam apelos nem circunstâncias que nos impulsionem para a queda ou para a desistência.

Sejam, porém, quais forem os quadros da dificuldade em que você se veja colocado, realize a sua parte com abnegação, sem preocupar-se com os resultados que, afinal, pertencem a Deus.

Não espere, por enquanto, produzir entre anjos.

Todos somos aprendizes da vida em processo de crescimento e de renovação.

Por isso, não se estremunhe, quando defrontando azedume e má vontade, nem se irrite diante de impertinência e desequilíbrio.

Evite pensar em termos de abandono dos serviços.

Estamos colocados no lugar certo para o trabalho edificante, onde melhor podemos produzir a benefício de nós mesmos.

Certamente que é agradável a ação fácil, de resultados imediatos. Todavia, o trabalho-desafio é o que oferta rendimentos mais valiosos e duradouros.

Além dos problemas naturais que qualquer labor suscita, surgem adversários sutis, que rondam, sem cessar, ameaçando o êxito dos compromissos libertadores.

O desânimo é um deles; vacine-se contra.

O cansaço apresenta-se como mensageiro danoso; acautele-se das suas urdiduras.

O desinteresse apunhala com segurança; resguarde-se contra a sua injunção.

A irritação tenta dominá-lo; acalme-se na prece.

A vaidade cicia soberba e causa indiferença pelo próximo; renove os seus conceitos e reconsidere as suas atitudes.

A inveja insinua malícias infelizes; supere-a mediante a análise das suas imperfeições e limites.

Não dê tréguas a esses fâmulos do mal, que ainda residem com você.

Os inimigos mais perigosos são os que se situam em nosso caráter e buscam assenhorear-se do coração.

Não os procure no próximo; combata-os, sem trégua, em você mesmo, com os recursos do trabalho incessante.

Você deixará o corpo em oportunidade própria, partindo, da Terra, com as realizações de que se faça instrumento. Como não lhe é fácil saber, quando tal ocorrência se dará, aja hoje com a eqüidade e dedicação semelhantes àquelas que o movimentariam caso este fosse o último dia da sua existência física.

Irthes Terezinha

34

Requisitos para a humanidade feliz

À medida que a violência se dilua na compaixão e a agressividade se transforme em entendimento fraternal, prenunciando a Era Nova, o Evangelho terá logrado o seu fanal na mente e no coração do homem.

Quando os quadros das tragédias e os repetidos holocaustos de povos e nações forem páginas do passado transformadas em sabedoria e amor, orientando o futuro, o Espiritismo terá realizado a grande etapa da "renovação social" da Humanidade, ensejando aos governantes e ao povo mais justiça e direitos ao lado dos inalienáveis deveres que a todos cumpre realizar.

No momento em que as fronteiras geográficas do mundo derrubarem as alfândegas, e a fraternidade dê as mãos às mais diversas criaturas que, não obstante falando os seus idiomas nacionais, possam entender-se sem barreiras de linguagem, utilizando-se da língua auxiliar, o Esperanto terá modificado o painel do orgulho humano de raça, de cor, de cultura e origem ancestral, podendo os homens reunir-se sob a árvore da solidariedade, porque todos se entenderão mediante uma expressão única.

A vitória do Evangelho, do Espiritismo e do Esperanto, é inevitável, após as hecatombes lamentáveis que derruem as estruturas da moderna e belicosa civilização, que conquistou os espaços siderais, venceu as distâncias geográficas, no entanto, não reuniu os homens sob a bandeira branca e neutra da paz.

A cultura de origem materialista tem levado a imprevisíveis sofrimentos, arrastando os seus aficionados para os calabouços da loucura ou arrojando-os na direção dos abismos sem fundo do suicídio.

Os exércitos, emulados pelos símbolos nacionais, têm mutilado a vida em centenas de milhões de seres humanos e as armas sofisticadas de teor destrutivo quase inimaginável são representações da moderna ética de agressividade...

Os países armam-se, atemorizados, enquanto a ignorância, o analfabetismo, a fome e as doenças grassam inclementes nos Estados subdesenvolvidos e naqueles em desenvolvimento.

É a moderna técnica de viver a paz, preparando a guerra.

Nas nobres e avançadas Nações de alto desenvolvimento tecnológico e econômico, o estigma do medo, igualmente, permanece como marca do desespero mal dissimulado, que decorre da expectativa negativa de uma irrupção guerreira com força de extermínio total da Humanidade, transformando-as em depósitos de armamentos que, deflagrados, poderiam destruir o planeta, enquanto a dor, em outras expressões, governa as massas, apavoradas e vencidas por terríveis conjunturas íntimas e coletivas.

Também aí se multiplicam o desemprego, as alucinações, as revoltas das minorias raciais e sociais esmagadas, que, periodicamente, se levantam em paroxismos de vingança, abalando as bases em que se firmam as civilizações frágeis, porque fixados nas *areias movediças* das paixões dissolventes e dos interesses subalternos.

Dizendo-se cristãos alguns desses povos, e materialistas outros, muçulmanos uns, e budistas diversos, nivelados, no entanto, pela mesma ferocidade, afirmam que lograram o ápice do processo civilizador...

Os cárceres do mundo encontram-se repletos de pessoas que, politicamente, discordam dos seus Chefes ou apenas são neutras; os direitos humanos muito decantados ainda são pouco respeitados; a ecologia, agredida, vive aberrando o equilíbrio da Natureza; o despautério continua engendrando lemas de dignidade inexistente, e se afivelam às faces as máscaras de paternalismo deprimente por falta de amor, ao lado de crueldade insana.

... Ainda há pouco, monarcas banqueteavam-se com a carne dos inimigos que lhes caíssem nas mãos, no sofrido solo da África negra; milhares de vidas foram e prosseguem ceifadas pela força ou varridas por metralhadoras nos campos de concentração da Ásia atormentada; incontáveis existências humanas eram e são enclausuradas em manicômios ou exiladas para regiões inóspitas na Europa exaurida; número volumoso de cidadãos desaparece e some, cada dia, das avenidas e lares das Américas vencidas por ditaduras cruéis, enquanto as prisões são insuficientes para conter o número crescente de delinqüentes infelizes e de opositores aos regimes no Novo Mundo, que ainda não gerou História, mas está assinalado para a fraternidade futura.

Esta realidade dolorosa faz corar de pudor alguns conquistadores e "bárbaros" do passado, como Xerxes, Ciro II, Assurbanipal, Nabucodonosor, Aníbal, Alexandre, Júlio César, Átila, Gêngis Khan, Alarico e tantos outros que passaram, temerários e odiados, admirados e infelizes, mas aos quais a morte venceu, na batalha final, e o túmulo nivelou no pó, tenham sido inumados em mausoléus faustosos, criptas luxuosas, grutas toscas, leitos de rios ou simplesmente incinerados...

Também passarão novos Legionários da guerra e argonautas da destruição, à medida que as luzes do Evangelho, do Espiritismo e do Esperanto diluírem as sombras densas do ódio, da prepotência, da animalidade primitiva, que teimam em predominar na consciência geral...

Nesse porvir que já se insinua, embora as lutas ásperas do presente, a Homeopatia, com a sua dinamização energética idêntica à força vital, que vem acompanhando a Humanidade, incompreendida desde Hipócrates até Samuel Hahnemann e dele até agora, será elegida com o seu conceito do *similia similibus curantur,* acompanhando o progresso da nova Humanidade que terá vencido a violência e avança para o mundo melhor, o "reino de Deus", que se estabelecerá na Terra, conforme o previu Jesus.

O Evangelho dulcificando as almas, o Espiritismo equacionando os enigmas do comportamento e amparando o homem, facultarão que o Esperanto – ou

Evangelho dos idiomas – una as criaturas numa só linguagem e a Homeopatia – ou Espiritismo da Medicina – por identificar que os males físicos e psíquicos procedem do Espírito encarnado, cuidará dos corpos e da mente dos homens, restabelecendo o "Paraíso Perdido", na Terra, conforme a concepção de Mílton e que Allan Kardec registrou, do Espírito São Luís, em resposta à questão nº1018, de *O Livro dos Espíritos*:

– *Poderá jamais implantar-se na Terra o reino do bem?*

"O bem reinará na Terra, quando, entre os Espíritos que a vêm habitar, os bons predominarem, porque, então, farão que aí reinem o amor e a justiça, fontes do bem e da felicidade. Por meio do progresso moral e praticando as leis de Deus é que o homem atrairá para a Terra os bons Espíritos e dela afastará os maus. Estes, porém, não a deixarão, senão quando daí estejam banidos o orgulho e o egoísmo.

"Predita foi a transformação da Humanidade e vos avizinhais do momento em que se dará, momento cuja chegada apressam todos os homens que auxiliam o progresso. Essa transformação se verificará por meio da encarnação de Espíritos melhores, que constituirão na Terra uma geração nova. Então, os Espíritos dos maus que a morte vai ceifando dia a dia, e todos os que tentem deter a marcha das coisas serão daí excluídos, pois que viriam a estar deslocados entre os homens de bem, cuja felicidade perturbariam..." (*)

Ismael Gomes Braga

(*) 29º. edição da FEB

35

Importância do diálogo

O diálogo honesto, em clima de confiança fraterna, enseja resultados profícuos em qualquer tentame da experiência humana.

Graças a múltiplos, graves fatores psicológicos das pessoas – no relacionamento –; culturais – na convivência –; sociológicos – na estrutura econômica – o diálogo escasseia por ausência do suporte de entendimento, razão básica necessária à sua eficiência.

Os temperamentos arredios mergulham em mutismos difíceis, ocultando, sob a máscara da contração facial, problemas que poderiam ser solucionados mediante uma justa e útil permuta de idéias.

Personalidades neuróticas refugiam-se em razões inexistentes, escondendo-se dos tormentos íntimos, nas explosões atemorizantes da imposição do seu estado emocional, através de alaridos e agressividade impróprios.

Por incapacidade de dialogar ou por mecanismo de defesa bem urdido no inconsciente, candidatamse a estados mórbidos que se agravam, em face das suspeitas que acolhem, do pessimismo que absorvem ou dos excessos de entusiasmo que, periodicamente, os visitam.

Outras pessoas, vitimadas pela timidez, escusam-se à conversação jovial, receando desnudar a ausência de maiores e mais profundos conhecimentos gerais, evitando os diálogos iluminativos, mediante os quais adquiririam cabedal expressivo de saber, nas experiências e luzes do seu interlocutor.

A expressiva massa humana, na luta incessante da sobrevivência contra fatores mesológicos e sociológicos hostis, arma-se de violência – graças à qual supõe haver sobrevivido – e não se identifica com aqueles que a buscam para esclarecê-la, de sua parte recusando-se enfrentá-los sob a alegação de que todos são espertalhões e gente de má fé que a desejam enganar...

Homens esclarecidos, a seu turno, negam-se à psicoterapia do diálogo quando não vêem o lucro imediato para si próprios, fugindo do auxílio de outras pessoas fora do seu círculo, sob o fundamento da falta de tempo...

Entrementes, os tagarelas, em lamentável posição de exibicionismo, impõem seus conceitos apressadamente estruturados, sem objetivos superiores, com pretexto de dialogarem, antes porém, motivados pela autopromoção personalista, vã.

O diálogo resulta de um perfeito entrosamento de valores éticos entre os seus membros, na conversação superior.

Permutar opiniões, aprofundar raciocínios, melhorar o grau de conhecimentos, traçar diretrizes, elucidar dúvidas – eis algumas das colocações para o diálogo.

Não impondo, expor-se com naturalidade idéias e pensamentos sem a presunção de que serão aceitos. Ouvir e discutir, discutir no bom sentido do termo, os temas propostos, de modo que resultem melhores frutos para os que examinam.

Fator importante no diálogo é a arte de saber ouvir, ouvir com paciência, com interesse, valorizando o comentário, a opinião e meditando no seu conteúdo. Outro ponto fundamental é a presença da simplicidade no contexto da questão em pauta. Não se tratando de um discurso para impressionar, as colocações devem revestir-se de simplicidade e clareza, a fim de ser evitado o pedantismo inútil gerador da antipatia gratuita por parte de quem ouve.

O desejo de ser útil, na conversação, é igualmente motivo relevante para o sucesso do diálogo, não esquecendo que toda e qualquer pessoa tem algo para ensinar, resultado da sua experiência pessoal, predispondo-se, portanto, também, a aprender no cometimento verbal.

O diálogo estreita relações entre as pessoas bem educadas, desvelando-as, já que informa sobre os recursos pessoais, caso a criatura não fuja para as aparências, destituindo a conversação do propósito nobre de intercambiar valores éticos, morais e culturais.

A vivência humana em clima de sociedade requisita o contributo do diálogo amigo, como indispensável a um relacionamento humano de valor indiscutível.

Jesus, dialogando com todos quantos O buscavam, lecionou com sabedoria a respeito da temática e eficácia do diálogo.

Se interrogado pela astúcia e jactância dos adversários gratuitos, fazia-se conciso e incisivo, não dando margem a interpretação dúbia das suas palavras.

Se interrogado pela simplicidade do povo, acudia com parábolas comovedoras, cujas lições têm sobrevivido aos séculos, ensinando a cada geração com o mesmo vigor e claridade com que foram apresentadas aos seus contemporâneos.

Se na intimidade dos amigos, ouvia-os, bondoso, e gentil os esclarecia, usando uma linguagem perfeitamente compatível com o entendimento geral.

Se diante da dor, sabia escutar e participar da injunção, não raro comovendo-se até as lágrimas, num inequívoco atestado de valorização de cada comensal do seu banquete de fraternidade.

Otimista, jamais lançava conflito ou receio, e, mesmo quando na Cruz dos testemunhos, dialogando com o delinqüente, acenou-lhe a ensancha da salvação, o mesmo fazendo em relação à Sua mãe e João, conforme o legado de união com todas as criaturas na família do amor universal.

Allan Kardec, por sua vez, dialogando com os Espíritos nobres, soube recolher o excelente material de sabedoria e amor que constitui a materialização da promessa de Jesus, quanto ao Consolador, enquanto aprendia, trasladando as lições superiores da Imortalidade, também deixava o legado da sua experiência pessoal para os homens.

Os monumentais diálogos da Codificação resultam da sabedoria de quem responde, quanto da percuciente cultura de quem pergunta, assim como do estudo dos maravilhosos ensinamentos, que formam uma estrutura de ideologia perfeita, sob qualquer aspecto considerada, na ciência, na filosofia e na religião...

Estes são dias que exigem diálogos claros, objetivos, desataviados, abordando-se as questões palpitantes da vida, do ser, dos destinos, dos ideais humanos...

Enquanto a dor espoca arbitrária, num cerco que se aperta, demolindo falsos conceitos, falsa ética, e apressando o estrugir de outras mais grave dores, concientizemo-nos das potencialidades dinâmicas da fé espírita e dialoguemos com os irmãos que transitam pelas vias da ignorância.

Ouçamo-los com elevação e sugiramos-lhes o exame das salutares regras do vero Cristianismo, única filosofia capaz de resistir ao aturdimento tecnológico e à avalanche da desesperação hodierna.

Dialoguemos sem pressa, ajudando com o esclarecimento libertador, ao mesmo tempo haurindo fraternidade, porquanto conquistar corações para a paz é o maior investimento para quem já encontrou Jesus.

O diálogo projeta sempre claridade, quando realizado em termos elevados. Façamos, desse modo, brilhar nossa luz no mundo em nome da verdade.

Ivon Costa

36

Desafios do momento

Considerando-se as circunstâncias em que o homem vive, na atualidade, a urgência de corretas informações sobre o Espiritismo e a divulgação da Doutrina, conforme a codificou Allan Kardec, prossegue um verdadeiro desafio.

Ainda predominam, com visos de legitimidade, os conceitos pejorativos que, no passado, os incautos e precipitados atiraram contra a revelação espírita, que merecem ser refutados com energia, tendo em vista ainda constituírem graves impedimentos, a uma visão real da grandeza e o oportuno dos postulados que lhe são o apoio, ao mesmo tempo fundamento da doutrina dos Espíritos.

Conotações infelizes, como as que teimam entre as pessoas desinformadas ou maldosamente dirigidas, fazem que muitas se persignem, à simples enunciação da palavra Espiritismo.

A intolerância religiosa, quase bimilenar, inculcou nas mentes superstições e temores ancestrais, e apesar de muitas criaturas, em nome da Cultura, se considerarem "livres pensadores" ou mesmo ateus, conservam as idiossincrasias e aversões decorrentes daquelas colocações que antes esposavam.

Cumpre seja demonstrado, de forma irrefutável, o êxito do labor espírita no campo da investigação paranormal, dos instrumentos da ciência, que, através da imortalidade da alma e da reencarnação já não constituem o sobrenatural, o mitológico nem o fantasioso doutrora, mas o fato comprovado e positivo defluente da pesquisa honesta.

Os que mourejam nas abençoadas lides espiritistas sabem da magnitude da empresa a que se entregam, surpreendendo-se, quando constatam que as alegações maliciosas de que tinham notícia permanecem aceitas por incalculável número de pessoas honestas, constituindo a ocorrência um absurdo, tal a pureza dos enunciados espiritistas e a elevação do ministério que são de total essência cristã.

A confusão proposital entre fenômeno mediúnico – que medra espontâneo, e, às vezes, irresponsável, nas criaturas humanas, com todas as implicações que decorrem da ignorância ainda existente sobre ele – e Doutrina Espírita responde por acusações descabidas a ela, ocasionando conseqüências lamentáveis para a difusão do pensamento Kardequiano.

As comunicações espirituais encontram-se presentes em todas as épocas da Humanidade, contra as quais outrora foram levantadas perseguições inclementes, em vãs tentativas de se silenciar as vozes da Imortalidade. É óbvio que o conteúdo das mensagens de que eram objeto os médiuns, na oportunidade, qual ocorre ainda hoje em vários arraiais da mediocridade e da desinformação, nem sempre se revestia de edificação e esclarecimento libertador, porque de procedência inferior, já que, por lei de afinidade, os Espíritos que se comunicam nessas circunstâncias são semelhantes em frivolidade e perturbação aos que com eles confabulam.

Ressalvadas algumas exceções nesses tentames, os interesses mesquinhos e irresponsáveis são os que predominam. Quando ocorrem os esclarecimentos baseados em dignificação e reforma íntima, estruturadas em esforço pessoal, invitando a compromissos superiores, muitos dos que participam das reuniões abandonam-nas, desinteressam-se, porque estão aferrados a móveis de outra finalidade e significação...

Vivemos, portanto, dias de pioneirismo e desafio, mais graves por se constituírem de primeira ordem os programas de libertação espiritual e moral do homem, antes que de colocação social, econômica e política.

Realmente livre e consciente das suas responsabilidades, graças ao conhecimento espírita, vinculado e atuante num ideal de iluminação interior e de elevação do grupo onde vive, o indivíduo supera até mesmo as circunstâncias e situações tormentosas, por saber que a elas faz jus, lutando por vencê-las e vencer-se, apoiado no impositivo da divina justiça desvelado pela reencarnação.

Não importem os óbices que transpor nem as dificuldades que superar. Quanto mais elevadas as metas de um ideal tanto maiores os impedimentos a serem vencidos.

As muitas dores que aturdem a humanidade hodierna encontram, no Espiritismo, a sua terapêutica, trazida pelos Mensageiros de Jesus, que venceram incontáveis obstáculos, a fim de que, no momento grave da vida terrestre, não faltassem os recursos salvadores para a evolução do ser e a sua plena integração no espírito do bem.

As conquistas de fora não atenderam às necessidades íntimas do homem, tornando-se imperioso o mergulho nas paisagens repletas de angústia da própria alma, atônita ou ansiosa, que exige e necessita direção.

O Espiritismo é um demolidor de tabus e superstições.

Um exame, mesmo perfunctório, dos seus postulados, coloca a criatura frente a frente com a razão, libertando-a dos atavismos manietadores da personalidade, ao tempo em que impele aos vôos audaciosos do progresso.

Já não se justificam as barreiras culturais que antes se antepunham ao Espiritismo, num momento em que o conhecimento aprofunda sondas de investigação nos mais complexos mecanismos da vida, demonstrando que o *sobrenatural* quanto o *maravilhoso* são resultado da ignorância que, ao desvelar o fenômeno desconhecido, o torna natural, não obstante inusitado e raro.

Cumpre aos lídimos espiritistas esforçarem-se no urgente serviço do esclarecimento, ampliando a área de informações doutrinárias, desse modo atendendo à mole humana que se movimenta sem roteiro, sob dores excruciantes.

Há muitos campos desafiadores por desbravar, que não podem ser ignorados por aqueles que encontram, na Doutrina Espírita, o clima de felicidade, inferindo-se ser este o momento de vigorosa luta para que se estabeleçam em definitivo os alicerces da Era Nova pela qual todos propugnamos.

Lins de Vasconcellos

37

Superpopulação e oportunidade

Os estudiosos da população da Terra concluem que a humanidade gastou mais de um milhão de anos para atingir a expressiva marca de um bilhão de criaturas humanas transitando no corpo físico. No entanto, para alcançar dois bilhões, passaram exatamente 120 anos; o índice de três bilhões foi conquistado em apenas 32 anos, e, somente em 14 anos o número fez-se surpreendente com quatro bilhões, fazendo prever que dentro de somente 11 anos estejamos chegando à cifra dos cinco bilhões...

Disso resulta, conforme os mesmos cálculos elaborados pelo Fundo do Meio Ambiente, que o crescimento populacional no momento é de 7,5 milhões por mês, do que resultam 90 milhões por ano, excluindo-se os óbitos, igualmente presumíveis.

Ainda, segundo as mesmas estimativas, respiram

Nota: Os dados constantes desta página foram psicografados em 1980.

a atmosfera terrestre, neste dias, 4,5 bilhões de criaturas humanas, o que alarma ecólogos, biólogos, especialistas do comportamento e outros técnicos, que temem uma hecatombe geral, inimaginável.

Diz-se que, à medida que diminui o espaço, aumenta a agressividade dos que ali se encontram.

Fundamentam, todavia, os seus receios, em pesquisas materialistas, não se dando conta de que a reprodução da vida física, à semelhança do equilíbrio cósmico e de tudo mais, resulta de uma programação planejada pela Divindade, já que é incontestável, mesmo em termos de Ciência atual, a certeza de um Ser *pensante* e *realizador* que se encontra desde antes e existe fora do Universo.

Não há dúvida quanto à magnitude do momento que passa, quando Espíritos, por milênios retidos nas regiões de sombra e dor, alucinados e primitivos, vêm sendo recambiados ao corpo, a fim de experimentarem a oportunidade evolutiva que os pode liberar da própria situação.

Ressurgem, atônitos e violentos, conforme se encontravam, reassumindo as posições primeiras em bandos ou grupos de alucinados, renteando com as possibilidades iluminativas e esperando receber educação e socorro, de modo que se possam integrar no contexto da evolução que ora se opera no planeta.

As Leis são inexoráveis e ninguém se pode furtar às suas conjunturas.

A vida é um processo de crescimento incessante e fatal para o bem.

Embora a morbidez que parece dominar em toda parte, há também prevalência do amor e explosão de bondade, comprovando a superior vigilância, numa demonstração de que a vida mesma não se encontra ao abandono, ao azar.

Necessária a luta, indispensável o choque, para que se possam aferir os valores, selecionar conquistas, identificar realizações.

A mensagem do Cristo é clara em todos os seus tópicos, não eliminando a misericórdia para com os maus e ignorantes, antes laborando na necessidade do combate às causas que assim os mantêm, já que "todas as ovelhas que o Pai (a Jesus) confiou serão salvas".

Justo, portanto, que todos fruam da mesma oportunidade, colocados na oficina do progresso que os impelirá ao avanço e ao crescimento.

Como conseqüência da circunstância, faz-se imperioso que os cristãos se empenhem nas realizações elevadas, a fim de que brilhe a sua luz nas densas trevas que pairam, de certo modo ameaçadoras, sobre as almas em aprendizado reeducador.

Outrora, fascinados pela mesquinhez personalista, os religiosos, esquecidos da finalidade precípua dos postulados que abraçavam – a iluminação dos Espíritos no rumo da felicidade eterna –, engalfinhavam-se, em lutas apaixonadas quão mesquinhas, disputando-se predomínio espiritual, porque estavam mais interessados na vitória terrestre do que em vencer-se a si mesmos, na tentativa de conquistarem a Vida.

Dominados pela paixão ultriz, abandonavam o espírito da mensagem, embrenhando-se no matagal das interpretações secundárias e subdividindo-se em grupos que se hostilizavam reciprocamente, todos na vaidosa suposição de possuírem a verdade, olvidavam-se de que a "casa dividida rui"...

Ainda medra muita cizânia e preconceito entre os cristãos, quanto ocorre noutros níveis e denominações de fé que pululam na Terra.

Sem dúvida que são os mesmos Espíritos reencarnados, agora iluminados pela meridiana luz do Cristo, no entanto, dando campo às antigas viciações morais que deveriam superar a qualquer preço de renúncia e abnegação.

Volveram, a fim de promover o progresso pessoal e o da comunidade.

Enfermos graves encontram a terapêutica mais avançada e melhor, que é o Espiritismo, todavia, se não vigiam cuidadosamente, resvalam pelos mesmos abismos da insânia ególatra, perigosa, nos quais já tombaram...

Estejam advertidos aqueles que amam sinceramente Jesus.

O inimigo único, porém, além de si mesmo, é o materialismo, que deve ser enfrentado com decisão, movimentando-se unidos todos os homens de fé, para combater o adversário pertinaz, que se enraíza nas paixões, dentre as quais o egoísmo exerce predominância.

O caráter seitista dos religiosos deve ceder lugar ao objetivo da fraternidade, a fim de que todos se sustentem no ideal comum dirigido ao bem geral, que é a grande meta.

Os homens estacionam em múltiplos degraus de evolução e de entendimento, por isso mesmo abraçando confissões compatíveis com o seu estado espiritual e moral.

Nenhuma imposição de violência deve predominar na consciência de um homem de fé em relação ao seu próximo.

Apresentar-lhe a diretriz, emulá-lo à marcha, expor-lhe a metodologia são cometimentos justos, nunca, porém, mediante o escárnio ou o desprezo, o apodo ou a acrimônia...

Toda criatura é credora de respeito e acatamento, pelo que é, pelo modo como se comporta, mesmo quando não se concorde com ela ou não mereça a nossa simpatia pessoal.

Porque o Espiritismo traz o fato imortalista como suporte das suas informações; porque o Espiritismo coloca o discípulo "face a face com a razão" e a consciência; porque o Espiritismo abre as oportunidades experimentais para a comprovação da Divina Justiça; porque o Espiritismo melhor incorpora as promessas do Consolador, ao espiritista cabe a alta responsabilidade do trabalho otimista e ordeiro, de manter a paz, fomentar o bem, preservar a união entre os homens seus irmãos.

Armado no arsenal experimental da fé mediante o fato, pode e deve oferecer os seus valiosos contributos para desanimar, esclarecer e vencer o materialismo, tornando-se um exemplo, o biótipo do verdadeiro cristão.

Não avançará, todavia, indene à hora presente e suas injunções angustiantes.

Não ficará infenso à agressão aguerrida nem às ciladas bem urdidas quão ameaçadoras.

Não permanecerá sem os "sinais do Cristo", que são as dores excruciantes nele fixadas, como condecorações que o identifiquem no campo de ação.

Enriquecido pelo conhecimento e possuído pelo

amor, saberá enfrentar as situações penosas e perseverar no tentame sem desfalecimento, demonstrando a preciosidade do *metal* de que é constituída sua resistência, encorajado na luta até o fim do combate.

Unamo-nos portanto, todo os espíritas – desencarnados e encarnados –, nesta arrancada final, quando bilhões de Espíritos sequiosos de progresso retornam à Terra e a superpovoam, sob o comando de Jesus, e trabalhemos para que mais rapidamente seja alcançado o fanal da perfeição, na vigorosa luta da luz contra a treva e do bem contra o mal.

Lins de Vasconcelos

38

Incompreendidos

Aos vexilários dos ideais do enobrecimento humano sempre se ofereceram o apodo, as dificuldades e perseguições gratuitas.

Aos missionários da ciência jamais se favoreceram triunfos, realizações culminativas, êxitos nos empreendimentos.

Aos sacerdotes do amor e da paz nunca se concederam as láureas da lídima realização que perseguiam.

Em todas as épocas, nos mais variados rincões do mundo, a obra da cizânia se estabelece entre os que se dispõem à edificação; os aranzéis se fazem nos recintos do trabalho nobre e a perfídia procura agasalho entre os que operam pela libertação do homem, por aí grassarem, não raro, a invigilância, as paixões inferiores.

De Sócrates a Sêneca, de Galileu a Gandhi, a Humanidade acompanhou toda uma trajetória de mártires, de pioneiros, de heróis que deram a própria vida para profligar, o mal e estabelecer as diretrizes do bem.

De Jesus a Jan Huss, a Martin Luther King Júnior a Humanidade acompanhou a odisséia da construção do mundo novo entre as barricadas ofensivas da insensatez e da malquerença.

Ontem, a Humanidade viu o esquartejar de Tiradentes, laborando pela liberdade do homem, e há pouco Bottsmann, autor da conceituação cibernética, suicidou-se para fugir à sanha dos seus perseguidores que o anatematizavam, fazendo-lhe da vida um verdadeiro pandemônio...

Não cause surpresa e ninguém estranhe a aparente predominância do mal na Terra. Espíritos acumpliciados milenarmente com o vício, milenarmente acomodados ao *modus operandi* da satisfação material, dificilmente podem partir na direção da luz, rompendo, em definitivo, com as amarras da própria imperfeição. Todavia, nesse mar de dificuldades e no acrisolar de todas as dores, levantam-se os trabalhadores autênticos dos veros ideais da Humanidade, erguendo o mundo de realizações profundas que já assinala a hora transitória que se vive no planeta.

Quando a sombra da discórdia trouxer os raios da perturbação ao ambiente de trabalho cristão, ninguém sintonize com as correntes deletérias da impiedade; quando as forças truanescas, desagregadas pelas mentes que se privilegiam na dominação absurda de consciências humanas, estabelecerem conflitos, desordens, exija-se a disciplina para si mesmo e a manutenção da ordem, sem, no entanto, participar do desequilíbrio dominante; quando o chavascal ameaçar as leiras santificantes da ação cristã, que se detenha a leviandade com elevada expressão de amor, mas que se não deixe mergulhar no pantanal das lutas insanas, na perturbação verbalista dos desocupados e zombeteiros. A obra desafiadora, que nos aguarda, impõe-nos uma atitude digna perante a vida, na qual a alegria não pode receber o acumpliciamento da vulgaridade, nem o dever pode ser substituído pela leviandade contumaz, em nome do misoneísmo e de uma realização que se oculta em eufemismos de trabalhos especiais, porque Jesus, o construtor do Orbe, antes de lançar-se no esforço de conduzir a Humanidade para os altos cimos, não desdenhou a carpintaria modesta de José, ensinando, Ele mesmo, pelos atos, que o ideal verdadeiro do homem parte da sua ação constante, operosa, no bem, num clima de elevação e de sobriedade.

Convidados para realizar o mundo novo em nós, conosco, e em torno de nós, não nos deixemos afligir pela balbúrdia dos desocupados, nem a agasalhemos; não soframos pelas pedradas dos que se comprazem em perturbar antes que ajudar; mas não lhes demos guarida, continuando de fronte erguida e de ideal levantado, porque estamos servindo a Jesus Cristo e não aos homens, e ao Cristo Jesus prestaremos conta e não aos companheiros. Igualmente não apliquemos indevidamente o tempo na discussão inoperante, vazia, nem fechemos as portas à caridade fraternal, ou, tampouco, deixemo-nos contagiar pela enfermidade ultriz que visita o século, que é a ociosidade, geradora de mil males, que tem tentado obstaculizar a marcha do progresso.

Não aguardem os companheiros o aplauso vazio, o apoio insensato, nem a odisséia da perturbação, que inquieta por dentro embora agrade por fora.

A obra do Senhor se baseia no sacrifício pessoal e na dedicação exclusiva a esse ideal, que deve constituir a função essencial da vida de quem despertou para a verdade e a ela se entrega em clima total.

Não há lugar hoje como não houve ontem para os lídimos operários do bem. E se os houvesse, esses ditos lugares desviá-los-iam do ministério para o incensório mentiroso dos que se comprazem nas ilusões e nos jogos de uma sociedade esvaziada de objetivos enobrecidos, por enquanto.

Sem recear, mas sem provocar; sem temer, mas sem fugir da luta, estejam certos os espíritas, cristãos novos, que se aos primitivos operários de Jesus foi exigido o sacrifício da vida pelo martírio, na praça pública, dos construtores da nova civilização, os missionários da Revelação Terceira, não menor quota de sacrifício lhes será solicitada, no país da alma, na região da consciência e no continente do ser, em mil formas de perseguição, calúnia, opróbrios e açoites da impiedade. Todavia, acima de todas as circunstâncias que afligem e perturbam, Cristo, em triunfo, concederá àquele que lhe tiver o sinal da mansuetude, do trabalho, a auréola da libertação para a vitória total no reino da perene luz.

Lins de Vasconcellos

39

Página de encorajamento

Não lamentes as dores que carpes nos demorados dias da tua existência terrestre.

A revolta, em não resolvendo o problema, mais o aguça.

A tristeza, não conseguindo alterar a questão, torna-a mais sombria.

A depressão, não logrando equacionar a situação, mais desarticula as resistências.

A mágoa, não modificando a circunstância, faz-se ácido que adiciona aflições às dores existentes.

A angústia, não diminuindo os fatores que propiciam os sofrimentos, mais os agravam...

Essa aflição profunda que se inicia nos refolhos da alma e para a qual não se encontram consolos; a soledade que obriga a marchar entre as criaturas, anelando por companhia e ternura; o suceder de infortúnios que parecem sem termo; a ocorrência de enfermidades causticantes, não têm nascente na atualidade corporal; procedem das existências anteriores, que a reencarnação situa na estrada da evolução para disciplinar os infratores e educar os aprendizes negligentes.

A caminhada atual continua o curso que a morte interrompeu, antes que fosse culminada na felicidade.

A soma das necessidades que tisnam a alegria de viver e as sombras das ansiedades mal sopitadas que escurecem o claro sol da esperança constituem a quota disciplinante para o processo de evolução por que todos os Espíritos passam através dos tempos.

Não invejes a aparente alegria dos outros. Desconheces o que lhes ocorre no mundo íntimo, bem como a quota de sacrifício que pagam para dissimular as próprias dores.

Jesus te concede a dadivosa oportunidade de crescimento para a Vida, apesar dos métodos de que a Vida se utiliza...

Agradece a ocasião e diminui as próprias necessidades, minimizando as do próximo.

Evita descarregar tua sanha em quem te cerca, nos que convivem contigo, antes, faze o melhor, vencendo tua prova e não adiando o teu momento de glória e de paz...

Sorve, alma irmã, a tua taça de provações, com o júbilo de quem, consciente das Leis, atravessa um período difícil apoiado na certeza de que virá um outro, porém, de bênçãos.

Quando hajas cumprido com os teus deveres todos, a Morte te recambiará de volta ao Grande Lar onde já não experimentarás qualquer dor ou desespero algum.

Vive intensamente a tua hora com os olhos postos no amanhã da vida e segue adiante pelo roteiro que traçaste com os teus atos passados, projetando as diretrizes mestras do porvir ditoso.

Alma da dor, solitária e triste, sai da jaula em que te aprisionas, embora digas que ali foste encarcerada, e abre a porta da liberdade com a disposição abençoada da ventura que te espera e deves atingir.

Além destes limites há infinito e beleza, se te resolveres por alcançá-los desde agora.

Avança, encorajada e, amando, sacrifica o egoísmo para que a plenitude do bem te domine em definitivo.

Lizete

40

Alienados e alienações

A grande mole humana transita aturdida, sem rumo...

Passam os homens pelo caminho da evolução estremunhados, aflitos, refletindo uma *facies* desfigurada frente aos dramas e tormentos que os espezinham.

Asseveram os estudiosos da problemática sociológica que os conflitos hodiernos, defluentes da máquina da civilização, são os responsáveis pela miséria psicológica de que padecem as criaturas na grande maioria que povoa a Terra...

Respondendo ao sofrido apelo da dor sem norte e sem nome, as ciências da alma tentam mergulhar as sondas das suas pesquisas valiosas no cerne da *psique*, sem lograrem maior soma de êxito que seria de desejar.

A insuficiência de recursos técnicos e de terapêutica especializada procura atender com celeridade os portadores de alienação que, transformados, não raro, em cobaias experimentais, são liberados do tratamento a curto prazo, a fim de se desocupar os leitos hospitalares, que sumária e imediatamente passam para novos necessitados pacientes, quando se logra a dita de consegui-los.

A técnica do eletrochoque aplicada maciçamente, e produzindo uma reação calmante aparente ou conseguindo arrancar as traves que produzem a depressão, cessados os efeitos dissociativos e modificadores na personalidade, porque permanecem os fatores causais preponderantes da alienação, retornam, os pacientes mais sofridos, mais desiludidos, mais agressivos, transformando-se em processos repetitivos que culminam em formas irrecuperáveis.

A moderna e atual crescente aplicação dos antidepressivos e calmantes, aditivos ou não, em caráter de igualdade, numa mesma bitola como se as síndromes aparentes caracterizassem as mesmas enfermidades da alma, amolentam, retiram os registros da lucidez para, a pouco e pouco, restabelecerem uma saúde mental que se não fixa, já que através da reincidência de tratamento violento qual este, os centros psíquicos interrompem os mecanismos de estímulo para os registros e transmissão das mensagens, decorrendo males-seqüelas ou processos mais complexos de uma recuperação, indubitavelmente, improvável.

Não obstante a aplicação das técnicas praxiterápicas como de laborterapia, a massificação no atendimento dos pacientes não permite maior averiguação do desequilíbrio que, sem dúvida, tem suas raízes no Espírito encarnado que sofre...

Por fatores preponderantes da existência pregressa do atual enfermo, este se encontra em ministério depurativo, avançando a penates, jugulado às dívidas que o maceram, aguardando recuperação.

Desde o início da reencarnação o espírito calceta traz as marcas da loucura de vário porte em caráter congênito – desde que, no Espírito em si mesmo, estão os registros-dívidas ou méritos que são decorrência das vidas anteriores que se desbordam à medida que reencontra o mundo, que considera hostil, graças a reminiscências subconscientes que fazem identificar local, pessoas e circunstâncias evocativas dos delitos, que impelem à fuga espetacular da realidade objetiva, caindo na alucinação...

Noutros casos, o mesmo fator-expiação vincula as antigas vítimas aos seus algozes, promovendo um comércio mental de dependência recíproca, gerando os ciclos dolorosos das obsessões e subjugações de difícil reequilíbrio...

À exceção das causas microbianas ou viróticas, às decorrentes de traumas cranianos ou choques emocionais violentos, a larga faixa da alienação se demora nas expressões neuróticas e psicóticas, genericamente, na esquizofrenia, de causas reais dificilmente identificáveis...

Mesmo naquelas manifestações de alienação mental, resultantes de fatores exógenos, ainda reencontram os seus portadores incursos na Lei, que recorre com sabedoria a fatores externos, a fim de convidar ao ajuste dos débitos seus infratores irresponsáveis...

... E a imensa multidão alienada perde-se de vista...

Agressividade, cólera, ciúme, complexos lamentáveis incitam os portadores de distúrbios mentais e emocionais à queda desditosa nos abismos da loucura, transformando a Terra em terrível Hospital de almas aturdidas, abúlicas, sem rumo, em choques fortes e destruidores...

Apesar de tão aflitiva paisagem humana em que as conquistas exteriores não conseguiram modificar os clichês mentais dos homens, nem as circunstâncias promotoras de alienação, a mensagem do Espiritismo se encontra em eficiente desdobramento, como terapêutica preventiva ou curadora se aplicada nas feridas profundas da alma com sabedoria e insistência.

Não se aguarde, porém, milagres, que não os há.

O mal está sempre no âmago de cada ser, embora, por uma deficiência de avaliação moral, observação e estudo, cada um sempre projete noutrem as dificuldades que lhe são peculiares e as imperfeições próprias, transferindo responsabilidades e esperando a modificação do próximo e não a sua.

Assim considerando, o homem procura fugir dos deveres e recusa-se a medicação preciosa do auto-exame e do auto-esforço pelo burilamento íntimo, para manter-se calmo e regularizar os seus problemas mediante as ações superiores e positivas.

Não esperar que o próximo seja o que se não pode ser, nem o considerar mais forte, sendo com ele severo e consigo benigno – eis uma primeira advertência do Espiritismo –, alongando-se, através do convite à reforma moral e ao exercício da caridade, à oração e à paciência ante as falhas alheias, porquanto, esclarecendo o homem a respeito das suas reais responsabilidades, desperta-o para uma visão mais perfeita da vida na Terra e fora dela, bem como qual é função da existência do homem inteligente no mundo.

Ao lado disso, alongar as mãos da solidariedade em socorro fraterno aos alienados, usando as técnicas fluidoterápicas de que a Doutrina nos concede um perfeito roteiro, ao mesmo tempo não revidando os dardos nem os petardos mentais das faixas inferiores em que aqueles se demoram.

Diante da grande massa de sofredores pelas alienações de largo porte e complexa etiopatogenia, somos todos convidados – porquanto de certo modo quase todos estamos incursos no mesmo problema – para ajudar, ouvindo-os com bondade e com bondade orientando-os para as soluções legítimas de que nos dá notícias a Doutrina Espírita, vivendo de forma consentânea com as lições do Evangelho, sem nos preocuparmos com que os outros assim vivam.

Precipuamente evitemos cair nas malhas dos desequilíbrios, vigiando com segurança, como ensina o Evangelho, as "nascentes do coração", por daí se originarem o bem e o mal de cada um, estando em condição de ajudar, ao invés de com eles tombar, os nossos irmãos alienados.

Transformados em enfermeiros da fraternidade cristã, vivamos Jesus e cooperemos com os laboriosos estudiosos da mente, prosseguindo na assistência aos quase recuperados, quando transitem pelo nosso caminho, ou assistindo os que derrapam na vala da loucura, não os acicatando nem os combatendo, evitando que se desequilibrem antes que seja tarde...

O cultivo dos pensamentos salutares, a vivência dos momentos otimistas, a experiência da superação das pequenas mágoas, num crescendo para a liberação das grandes dificuldades morais, não nos permitindo a autopiedade desconcertante, o pieguismo de que somos mais infelizes do que os outros, são diretrizes de segurança da terapia espírita para o aparelhamento nosso, e o socorro que nos cumpre oferecer ao próximo no turbilhão dos dias que se espraiam entre os homens, no seu processo de crescimento no rumo da luz.

Para este desiderato, quem conhece Jesus, através da revelação espírita, em sã consciência não se pode escusar.

Manoel P. de Miranda

41

Epidemia obsessiva

A obsessão, essa incoercível constrição psíquica excercida pelos Espíritos infelizes sobre as criaturas humanas, nunca é demais afirmá-lo, constitui lamentável processo epidêmico que se alastra na Terra.

Tendo a sua gênese nos distúrbios do comportamento atual ou pretérito de quem lhe padece a injunção, exige imediata consideração, através de um estudo cuidadoso dessas causas profundas com as correspondentes terapêuticas capazes de agir nas suas bases, modificando ou extirpando os fatores preponderantes e propiciatórios de tão grave alienação.

Imperioso, portanto, que sejam examinadas as psicopatologias da obsessão com naturalidade e firmeza, sem eufemismos nem desvios que possam dificultar a real compreensão do problema afligente.

Tendo-se em vista a imortalidade da alma, cumpre seja meditado sobre o destino que se reserva a cada ser, de acordo com o comportamento que se permite antes da desencarnação.

Não permanecendo estática a vida, após o túmulo as criaturas prosseguem com as suas realizações e comportamentos, identificando-se com semelhantes outros que compõem a sociedade viva e atuante, donde se procede em direção ao corpo e para onde se volve após a desvestidura dos tecidos carnais.

Como conseqüência, o intercâmbio entre os que são afins e se unem pelo amor é das mais formosas concessões da Vida, contribuindo para a vitalização dos sentimentos, ao mesmo tempo oferecendo esperanças para o reencontro futuro e consolação diante das aflições presentes.

Inevitavelmente, os que se antipatizam e odeiam, imanados pelos vínculos da reciprocidade vibratória, sofrem a interferência mental da animosidade que mantêm entre si, quase sempre prevalecendo a força psíquica do desencarnado, pela razão mesma de encontrar-se liberado do corpo, o que lhe dá mobilidade, disposição, mais ampla alternativa infeliz para o cometimento da desdita.

Estabelecem-se nefandas situações perturbadoras em que ambos os consórcios do desequilíbrio se engalfinham na luta sem quartel, na qual predomina a ação vingadora do desencarnado.

Estabelecida a identificação psíquica desequilibradora, é urgente que a *vítima*, advertida da *parasitose espiritual*, modifique os quadros mentais e se renove pelas ações meritórias, impedindo a fixação dos *clichês* deprimentes ou exaltadores que lhe são transmitidos em largo curso, com uma pertinácia temerária.

Ideal será sempre a ação preventiva.

Descuidado, porém, dos seus deveres espirituais,

o homem avança no seu desenvolvimento, psicológico e social, negando-se maiores responsabilidades morais, mormente nestes dias de licenças e promiscuidades dos costumes éticos.

Não querendo enxergar da vida senão os interesses que lhe ferem os sentidos, afadiga-se pela aquisição dos excessos e derrapa no comportamento salutar, gerando distúrbios vibratórios na personalidade, que lhe permitem a identificação com os seus adversários desencarnados.

Não se resguardando do mal que, afinal, existe em todos nós, potencialmente, como efeito dos deslizes passados, dá guarida às obsessões, quando mais fácil seria precatar-se, auxiliando aqueles a quem feriu ou magoou nesta ou noutra existência corporal.

Não dando guarida aos compromissos superiores, é despertado para as responsabilidades espirituais pela dor, tombando nas alienações sob o jugo das obsessões.

Cada paciente, no entanto, requer auxílios e terapias específicas, não obstante, genericamente, os valores morais e os exercícios enobrecedores das virtudes constituam os mais eficazes antídotos para tão rude enfermidade, que permanece, talvez, ignorada propositadamente pelas academias e pelos seus membros, aliás, não isentos de experimentar a ocorrência psíquica...

Ao paciente, todavia, cabe o desempenho da parte mais importante da terapia: o esforço sincero para alterar o quadro dos sentimentos pessoais e a ação honesta que o torne melhor em relação a si mesmo e ao agente que o perturba.

Diante da transformação moral legítima do enfermo e em considerando as vibrações que passa a emitir com teor benigno, o adversário desencarnado, por sua vez, altera os planos malévolos, despertando para a realidade em que se encontra e de que se não deu conta real, aplicando o cabedal do tempo e da oportunidade a benefício próprio.

Torna-se urgente o serviço, a terapia preventiva contra a obsessão espiritual e a desobsessão, quando aquela já se encontra instalada.

O Evangelho do Cristo é, ainda, e será sempre, o melhor medicamento para obsidiados e obsessores, por prevenir os males e recuperar os que lhes tombam nas malhas.

Verdadeiro tratado de otimismo, suas lições constituem valioso medicamento psíquico, atuando nos refolhos da alma e consubstanciando propósitos que se transformam em ações libertadoras.

Com o auxílio da Doutrina Espírita, que aclara, mediante a luz da reencarnação, e confirma pelo fato mediúnico a sobrevivência espiritual, dispõe o homem dos recursos extraordinários para colocar barreiras à propagação epidêmica das obsessões, que avassalam as mentes e afligem os sentimentos do homem, aturdido no báratro dos dias que ora se vive na Terra.

Manoel P. de Miranda

42

Hora da divulgação

Quem possui um tesouro e é sábio investe-o, gerando bênçãos.

Quem conduz claridade esparze luz onde se encontra.

Quem frui felicidade distribui alegria, promovendo esperança.

Quem ama irradia júbilo.

Quem tem conhecimento elucida problemas e auxilia nas dificuldades.

*

O Espiritismo é um tesouro de alto valor, que tem a missão de produzir lucros de amor e juros de paz.

Ocultá-lo, sem o promover entre as criaturas, é o mesmo que enterrar uma fortuna, que assim perde a finalidade para a qual existe.

Retê-lo, constitui crime de avareza, considerando-se a fome de luz de que padecem as criaturas.

Adiar a sua divulgação, onde se encontre o espírita, representa perda de oportunidade valiosa, que não se repetirá.

Condicioná-lo às circunstâncias e interesses, seria desfigurá-lo na legitimidade dos seus conceitos e objetivos edificantes.

Pessoas existem que sofrem hipertrofia dos sentimentos e não se dão conta.

Criaturas movimentam-se, no mundo, fátuas e risonhas, ignorando, porém, por quê e para que vivem.

Homens agem sob os automatismos de que se tornaram vítimas.

Indivíduos desajustam-se por desconhecerem os valores do espírito.

Coletividades desarticulam-se, porque vencidas pelo egoísmo e pelas paixões dissolventes.

O Espiritismo é o antídoto eficiente e rápido para os males que grassam, na Terra, derruindo o materialismo e promovendo a vida.

Difundi-lo, a rigor, é tarefa de quantos se identificam com as suas lições e nele encontraram satisfação de viver.

Não é lícito impô-lo, nem justo deixar de apresentá-lo.

A convicção de que ele se faz objeto, favorecendo a pessoa com bênçãos, deve emular o seu beneficiário a levá-lo a quantos o ignoram.

E porque este é o momento da renovação espiritual da Humanidade, que se encontra exaurida por dores superlativas, também é a hora da divulgação, consciente e nobre, da Doutrina, que "mata a morte" e alonga a vida, elucidando os enigmas complexos da existência carnal com acenos seguros de felicidade à vista.

Marcelo Ribeiro

43

Combate intransferível

O despotismo, que cerceia a liberdade, faz-se algoz de si mesmo. Em conseqüência, o arbitrário dominador torna-se dominado pelas paixões e circunstâncias que o envolvem.

Somente a fraternidade que flui do amor bem compreendido consegue doar liberdade, ensejando um clima de respeito e compreensão que promove o progresso entre os homens.

A intolerância, que impõe códigos de comportamento e limita o direito de pensar e agir, comete desmandos e exageros, sendo vencida por força equivalente, na justa das ambições desmedidas.

Apenas a solidariedade, mediante o auxílio mútuo, constrói valores de excelente qualidade, em que fomentam o enriquecimento moral e social, propiciando paz.

A exigência, que se arroga prerrogativas de exceção, inspira reações idênticas, que terminam por desconsiderá-la.

Só a tolerância lobriga ensinar com eficiência e conduzir com sabedoria.

O Sol brilha para todos.

Tudo e todos têm direito à vida.

O que pode ser muito bom para uns, quiçá não seja o melhor para outros.

É de muito bom alvitre que se faça uma aferição de valores, entre o que se sabe e os outros sabem, o que se conhece e é pelos demais conhecido, o que lhe é útil e para muitos necessário, a fim de se ter uma idéia realista das opiniões, conceitos, coisas e pessoas.

Os homens estagiam, pelo próprio processo de evolução pessoal, em degraus e escalas específicos, sendo necessário compreendê-los onde se encontram e conforme são.

Aqueles que possuímos uma mensagem de renovação e esperança para dar, devemos, melhor do que outros, compreender que o nosso labor se baseia no perfeito equilíbrio em prol de uma divulgação lavrada na simpatia e na gentileza.

Não nos propomos combater as demais pessoas, ou suas idéias, ou sua forma de ser. Antes nos candidatamos a expor os nossos temas àqueles que nos felicitam, interessando os que nos ouvem e vêm a examinar as nossas informações, optando pelo que lhes pareça melhor.

Pugnadores da verdade, sabemos que ela não se contém, total, no nosso enfoque de como considerar a vida, reconhecendo que, talvez, a nossa seja uma visão melhor e mais clara, de modo por resolver inúmeros problemas que aturdem a Humanidade.

Exercitando-a, ampliamos a capacidade de entendê-la, facultando-lhe o crescimento em nós e crescendo com ela.

Assim considerando, recordemos que numa discussão sempre se podem encontrar três colocações sobre a verdade: a de um como a de outro litigante, que são sempre pessoais, e aquela que paira acima dos indivíduos, a legítima e transcendental, que examina fatores ignorados, causas desconhecidas motivadoras da ocorrência em pauta.

É urgente que estejamos conscientes da obra por realizar em nós mesmos, primeiro, como combate intransferível e imediato, a fim de irmos adiante.

O próprio Jesus, que conhecia a Verdade, jamais a impôs, nunca entrou em lutas verbalistas injustificáveis, não se deteve a combater contra.

O Seu foi o combate a favor do bem, pelo bem de todos, com amor, sem despotismo, nem intolerância, ou exigência, ensinando o amor e amando com esperança no êxito final.

Marcelo Ribeiro

44

Súplica de solidariedade

Senhor,

reconhecendo as próprias necessidades em que me debato e por sabê-las graves, venho rogar-Te:

pelos que malbaratam os preciosos dons da saúde na ociosidade e nas dissipações;

pelos que aplicam, indevidamente, os tesouros e moedas de que dispõem, na condição de mordomos transitórios, vencidos pela avareza ou pelas loucuras da enganosa situação;

pelos que, dispondo do poder temporal, engendram problemas e aflições para o próximo, perdendo abençoadas oportunidades de serviço;

pelos que se utilizam das forças do corpo jovem para o mercado da licenciosidade e do sexo irresponsável, em campeonatos de alucinação;

pelos que desfrutam de inteligência e a usam para o festival da corrupção e do crime;

pelos que são aquinhoados com a palavra falada e escrita, derrapando nas vinculações mentais viciosas para o banquete demorado do ultraje, da acrimônia, da insensatez;

pelos que se encontram aquinhoados com os recursos preciosos da arte, colocando-os a serviço da malversação dos valores morais;

pelos que gozam das relevantes oportunidades de redenção, atirando-as fora por leviandade e precipitação;

pelos que são convidados ao exercício de amor e não obstante exploram a alheia afetividade;

pelos que são dotados do *élan* da simpatia e aproveitam-no para arrastar incautos aos compromissos negativos;

pelos que, acenados pela fé religiosa que lhes pode lenir as dores íntimas, apegam-se ao materialismo numa atitude teimosa e pertinaz;

pelos que conhecem o dever e seguem a estrada do erro...

São muitos aqueles que, enriquecidos de bênçãos, desperdiçam-nas, preferindo a turbulência, a desídia, a enfermidade.

Os que ora experimentam limitação e escassez, os que sofrem e vivem sob suores e penas já resgatam os infelizes cometimentos de ontem, avançando no rumo do porto da paz.

Os outros não. Malversam os recursos com que foram aquinhoados para impulsionarem o progresso para redimir-se, para ampararem a vida, fazendo jus, em razão da usança inditosa, às expiações dolorosas e lamentáveis do futuro.

... E recordando-Te a figura sublime crucificada entre dois bandidos, aureolado por espinhos, sob chuvas de escárnio e de doestos, perdoando-nos a todos, peço-Te permissão para repetir com unção e sentimento de solidariedade para com eles, os equivocados e orgulhosos: – "Perdoa-lhes, meu Pai, porque eles não sabem o que fazem!"

Marcelo Ribeiro

45

A fé em breves considerações

Essa coragem, esse ardor que o impele a realizar alguma coisa e a algo fazer, expressa o estágio primeiro da fé natural.

Sem o seu contributo, o homem se resumiria, nas ações que empreende, a simples máquina de impulsos primitivos.

Canalizando-a, mediante esforço racional bem dirigido, através da reflexão e do exercício mental, nos rumos do bem geral, da elevação pessoal, da mudança de atitude vibratória – eis presente a fé religiosa.

A fé religiosa, que se deriva dos complexos mecanismos da meditação consciente, em função do conhecimento das leis que regem a vida, é dos mais altos atributos que o espírito conquista, no empreendimento superior da existência terrena.

Graças à fé religiosa mudam-se as paisagens da Terra para o homem que crê, alterando nele a visão e desdobrando-lhe o alcance em torno das lídimas realidades que lhe compete perseguir e conquistar...

A fé, desse modo, faz-se dínamo gerador de poderosas energias, mediante as quais se estabelecem contatos transcendentes nas augustas fontes da vida, donde fluem e para onde refluem as forças que "removem as montanhas" de dificuldades, que a insensatez fez levantar no curso dos caminhos percorridos pelos pés levianos nos dias do passado.

"Tudo é possível àquele que crê", porque o homem assim armado de confiança sabe investir sem tergiversações – e fá-lo muito bem –, todos os valores e recursos de que pode dispor na programática que traça a bem de si mesmo.

Não teme, porque sabe superar os receios, graças ao archote da confiança que espanca todas as sombras.

Não se afadiga na precipitação, por conhecer que há o tempo da sementeira como o há da colheita.

Nunca desanima, já que tudo coloca na vida superior, acima das injunções imediatistas e das ilusórias aquisições.

A fé soluciona quaisquer enigmas, senão no primeiro momento, ao ensejo próprio, já que o impele à procura das causas donde procedem as complexidades, dando salutar direção ao pensamento.

Resolve os intrincados meandros das conjunturas da vida física e da social, solucionando, também, as interrogações perturbadoras da mente encarnada, desde que a ascensão aos cimos sublimes tem início na conquista dos primeiros degraus que conduzem aos acumes desafiadores.

A fé é essencial para o êxito de qualquer empresa.

Para a redenção e sublimação do espírito que sente necessidade de vida e de liberdade, transforma-se no fator preponderante, na razão indispensável, desde que, sem ela, ou sob conflitos, ou no báratro da descrença, o malogro é o fanal do nauta desavisado ou incoerente que veleja no corpo físico ou fora dele, nos rumos da Imortalidade...

A fé, portanto, religiosa e lúcida, pode ser comparada a alta bênção, que, todavia, cada um pode e deve alcançar, se quiser...

Marcelo Ribeiro

46

Esclarecimentos do culpado

Se você soubesse como eu me encontrava, no momento da agressão, certamente que me não quereria mal, nem pensaria em revide.

O agressor, em verdade, é mais infeliz, porquanto transfere do seu mundo íntimo agitado toda a perturbação de que se sente possuído e não se pode conter.

Se você pudesse saber, realmente, como eu me sentia, vencido pela ira que se fez, a seu turno, meu demorado algoz, com segurança me daria um crédito de confiança, desculpando-me.

Se você pudesse imaginar como eu me encontro neste momento!...

Eu o agredi, é verdade, e reconheço meu erro.

Se você revida, mesmo que mentalmente, o mal que lhe fiz, apiedo-me, porque você erra, também, infelicitando-se.

Considere que o cego, ignorando a luz, não pode

avaliar o que perde. Todavia, transita magoado e infeliz quando não se clareia por dentro.

A minha situação é mais grave, porquanto, embora vendo, preferi não enxergar...

A vítima é sempre simpática; o agressor faz-se detestável.

O perseguido inspira simpatia; o algoz estimula a aversão.

Quem sofre, gera, em torno de si, afetividade; ao passo que o promotor dos sofrimentos, faz-se odiado.

Jesus sensibilizou a História e a Humanidade, todavia, os Seus algozes ainda hoje são o símbolo da hediondez e da malquerença.

Se você lograsse compreender as injunções negativas daquele momento, bendiria não haver sido o agressor, antes, porém, a vítima.

Ajude-me, na tarefa de soerguimento que ora empreendo, você que se encontra em melhores condições do que eu.

Se você puder, permaneça na posição pacífica, de vítima, tudo envidando para jamais tornar-se algoz ou agressor de quem quer que seja.

Assim lhe digo, porque conheço o travo da amargura de sofrer e fingir, que tendo razão no mal que lhe fiz, havê-lo feito muito bem...

Dê-me sua mão, e erga-me, amigo, necessitado como estou do seu auxílio.

Marcelo Ribeiro

47

Oração do jovem

Senhor:

sinto-me aturdido no báratro da vida moderna.

Este foi um dia de agitação.

Pensando no estômago e nas exigências do corpo, esqueci-me de alçar-me a Ti.

Dominado pelas paixões desperdicei o tempo na futilidade.

Entre torturas e ansiedades, saí à cata de sensações fortes.

Agora detenho-me cansado...

Corri de um para outro lado, estive azorragado pelos impositivos da vida atribulada, e, neste momento, deparo-me com as mãos vazias de feitos nobilitantes e o coração sem paz...

Por que me permito afligir com as questões da vida transitória, quando já me encontro cientificado da realidade verdadeira?

Ainda ontem, fazendo um exame de consciência, prometi-me retificação, corrigenda interior.

Todavia, novos malogros me assaltaram no dia de hoje.

Padeço receios que me atestam a falência íntima dos poucos valores morais que possuo.

A verdade, porém, é que Te amo.

Sem embargo, surpreendo-me a cada momento distante de Ti.

Ajuda-me a não Te abandonar, porquanto sou eu quem necessita da Tua presença vigorosa.

A juventude, qual licor embriagante, corre pelas minhas veias e esfogueia-me...

As ambições me convocam à corrida desenfreada, na busca, afinal, de coisa nenhuma.

Ouço os convites ardentes do mundo, atraentes, sedutores, e inquieto-me, porquanto, simultaneamente, Tua voz me penetra e me arrebata.

Senhor:

ajuda-me na barca frágil da minha juventude ansiosa em que naufrago e salva-me!

Aquieto-me, e confiante, registro Tua voz a dizer-me, gentil:

– Bom ânimo. Aqui estou!

Conduze-me contigo ao porto da paz, Amigo Divino.

Marcelo Ribeiro

48

Ressentimento

Se você guarda ressentimento, sem dúvida cultiva cogumelos venenosos na área reservada para a ensementação da jovialidade, de que se deve enriquecer a fim de adquirir paz.

As ocorrências desagradáveis devem ser superadas com legítimo esquecimento do mal que produziram.

O aprumo da honra pode ser examinado pelo fio de prumo da consciência correta.

Ninguém, na Terra, consegue eximir-se às lides e batalhas do passado pessoal, ressumando sempre através dos choques vibratórios com aqueles que são simpáticos ou antipáticos, amigos ou desafetos.

Em decorrência, as paixões opinativas sempre ateiam incêndios de cólera de umas pessoas contra outras ou lenificam os espíritos de uns ao lado dos outros.

Impossível passar incólume entre os homens, sem sofrer-lhes as condições evolutivas.

Situado no proscênio das disputas e ferido pelos disparates ou pela impiedade circunjacente, ascenda e paire acima do ambiente, desculpando realmente os que o ferem.

Conservar rancor, aguardando o momento do desforço, é como cravar espículos no sentimento, que não consegue olvidar o mal, em face da ferida sempre aberta, a drenar desagradavelmente.

O perdão, para ter função terapêutica em quem o doa, necessita caracterizar-se pela total liberação do ressentimento.

Esse inimigo perigoso, o ressentimento, tem sido morbo pestilento a contaminar os homens que lhe dão agasalho, degenerando, invariavelmente, em epidemias morais lamentáveis.

Não lhe permita a fermentação nos escaninhos do raciocínio que investiga o porquê do mal com que haja alguém afetado, nem lhe enseje fazer-se sombra perturbante nos clichês mentais, encarregados da evolução do fato.

Ato de coragem é envidar esforços por vencer o mal e dele libertar-se.

Quem se atribui força, porque fomenta mágoa ou ressentimento, não passa de enfermo que se engana, mediante o processo de transferência psicológica da fraqueza em resistência inexistente, que se desenvolve na covardia.

A presença da aflição de qualquer procedência constitui uma avaliação das conquistas morais, que dará o valor e a situação real daquele que lhe recebe o convite à reflexão e ao amadurecimento espiritual.

Nunca revide, a pretexto de defesa, usando a arma do agressor, nem se envenene com o ressentimento ante a impossibilidade de desforçar-se.

O homem que agride, amaldiçoa, persegue, recrimina, calunia, mente a si mesmo e se ilude, porquanto em pleno processo de desarranjo moral e emocional, adentra-se pelos dédalos sombrios da loucura de largo porte, irreversível.

Não os infelicite mais, desferindo dardos mentais venenosos contra eles, os que se fizeram seus inimigos, nem tampouco se envenene com o tóxico que eles destilaram na sua direção. Se você revidar com o mal, o objetivo deles terá sido alcançado e na inclinada da sua queda você tombará na direção deles, caindo, talvez, em mais fundo abismo do que aquele em que eles já fossam.

Aprenda com Jesus a descer para ajudar... Assim fazendo, sua descida será sempre uma eloqüente forma de subir.

Não se ressinta nunca ante a provocação da ignorância, abrindo-se à sabedoria do amor que é legítima e nobre manifestação de Deus dirigida a você por misericórdia de acréscimo.

Marcelo Ribeiro

49

Você e o jovem

Muito necessário vigiar os impulsos juvenis.

A imaturidade, que decorre da falta de vivência das realidades humanas, inspira aos jovens falsos conceitos em torno da vida, facultando-lhes uma visão distorcida sobre os valores morais e espirituais.

Sofrendo a constrição dos feixes nervosos sobrecarregados de energia e de vitalidade, o jovem supõe-se sábio por saber-se forte.

Inexperiente, acredita que a força é fator decisivo, comprometendo-se, não raro, em face do mau uso que faz das possibilidades que tem.

Facilmente se deixa arrastar ao prazer imediato, reagindo contra os deveres que, embora resultem em colheita de alegrias, não produz, de pronto, gozo e lazer.

Crê-se sem tempo, defrontando um largo tempo.

Deseja fruir agora, a fim de não perder a oportunidade, que supõe todos estão a desfrutar, e perde-se na exaustão do abuso.

Reage ao bom senso, faz-se violento, agressivo ou frustrado, porque não se permite agir com equilíbrio, o que lhe facultaria gozo real e saúde integral.

Se se lhe fala de experiência, sorri, complacente, leviano, supondo-se detentor do conhecimento.

Tem em mente que os seus ascendentes foram ingênuos, quando não se fizeram responsáveis pelos gravames que experimenta a sociedade hodierna.

Exime-se à responsabilidade, quando é surpreendido pelo insucesso, no entanto, aponta erros em tudo, acusa, deblatera.

Paciência com o jovem!

Ele não se furtará à severa aprendizagem que a vida lhe imporá.

A experiência sedimentará nele a excelência dos valores legítimos, obrigando-o a discernir.

Algum chegará à maturidade orgânica sem madurez moral. É principiante espiritual.

Inobstante, ajude-o a disciplinar a impulsividade, submetendo-o desde cedo a tarefas dignificantes, sem os largos espaços de tempo para a ociosidade e o relaxamento demorado.

Sem o agredir, não o tema.

Educação é obra demorada, cujos frutos tardam em aparecer.

Assim, não te coloques contra a juventude.

Não lhe fale que no teu tempo era diferente. Em verdade a vida, também, era diferente.

Tu já transitaste por aquele caminho.

O jovem de hoje chegará à compreensão que agora te faz discernir o correto do errado.

O jovem é tentativa. Favorece-o com a oportunidade da realização.

Se ele agride, não revides com violência. Demonstra a utilidade das tuas forças morais de tal modo, que no conflito em que ele se debate, nasça-lhe o desejo de possuir a paz de que tu desfrutas.

Trabalha-o, porém, sem precipitação a fim de fazer uma boa obra.

Marcelo Ribeiro

50

Vigiar o pensamento

O rio caudaloso nasce, despretensioso, nas terras altas, ganhando volume nos largos solos das planíceis vastas.

A árvore imponente começa na plântula débil, que oscila entre a casca da semente desagregada e o sol que a beija e vitaliza.

A construção fantástica tem início no esboço singelo, em tentativas no papel que o fogo consome, até tornar-se desafio para o cálculo que a faz realidade.

Toda causa jaz oculta; todo começo é humilde.

O livro precioso forma-se letra-a-letra.

A sinfonia arrebatadora se compõem nota-a-nota.

O poema excelso se declama palavra-a-palavra.

O início é o fundamento, base que sustenta o projeto e a obra.

Assim, também, ocorre na vida moral.

No Espírito têm origem as matrizes da vida, suas causas, suas realizações.

O homem de hoje procede dos seus feitos de ontem.

O ser de agora resulta das atividades do passado.

Vigiar o pensamento, impedindo a perniciosa convivência das idéias negativas, constitui meta primeira para quem deseja acertar, progredir, ser feliz.

Pelo hábito da "mente vazia" de pensamentos edificantes, ou em face do tumulto que decorre das idéias desvairadas, o homem se açoda para derrapar no desespero ou se consumir na inutilidade.

Fixar otimismo, vencer receios injustificados, exercitar idéias edificantes – eis um início de programa de vigilância para a mente sadia poder operar um corpo moralmente sadio.

Pelo impositivo da terapêutica ditosa, ensinou-nos o Cristo a vigiar "o coração – fonte dos sentimentos – porque daí procedem maus pensamentos" que nos dizem respeito e que contaminam o homem, como também, nascem as idéias de engrandecimento e progresso da Humanidade.

Marcelo Ribeiro

51

Bem viver

Para viver bem basta possuir e deixar-se possuir pelos gozos.

Oportunidades, porém, para que você se comprometa com o erro surgem, contínuas, como tentações, desafiando suas forças morais. Resisti-las, todavia, é a decisão que você se deve impor, sem que dessa atitude lhe advenham tristeza e dissabor.

O homem forte fez-se resistente mediante ingentes lutas que o capacitaram para a vitória sobre si mesmo

Ocorre-lhe que as comodidades existem para serem fruídas, mas você sabe que a viciação é enfermidade moral que deve combater, a benefício próprio.

Juventude é um estágio transitório do organismo.

Jovialidade, porém, é um estado que se conquista, a fim de se se manter jovem em qualquer idade do corpo.

Você vê os amigos dando largas concessões ao gozo e atormenta-se, como se estivesse a perder o melhor da vida. E, todavia, os mais preciosos valores da vida são os de natureza moral, espiritual.

É certo que lhe não sugerimos clausura ou evasão da realidade atual, ascetismo ou fuga da convivência social, antes o conclamamos à saúde interior e à alegria contagiante, que somente possuem aqueles que são livres das conjunturas inditosas, dos acumpliciamentos com a venalidade.

Liberdade é um estado interior.

Amar, empreender realizações de enobrecimento, viver, são conseqüências da liberdade de que o homem dispõe para seu gáudio e ventura.

No entanto, o amor pode expressar-se mediante a comunhão pelo sexo, mas o sexo pode ser exercido automaticamente, sem o amor. E quando tal ocorre, o ser que ama dignifica-se através da elevação matrimonial, enquanto que sem o amor se apaixona, brutalizado, descendo à animalidade, e não raro, aos crimes de nomenclatura variada...

A honestidade que o fará tranqüilo nos empreendimentos enobrecedores deve ser cultivada interiormente. Mesmo que ninguém a identifique em você, não se importe.

O diamante é precioso, apesar de dormir, ignorado, no seio da terra. A lapidação realça-lhe somente a beleza que jaz adormecida no seu imo.

Quando os impulsos violentos o assaltarem, freneos. Quem não é capaz de dominar as paixões não é digno de triunfar e ser feliz. O instinto rebelde se dirigido, transforma-se em usina de força para as realizações da inteligência e da razão.

Não se afadigue, portanto, pelo prazer que deseja agora e logo mais se lhe terá desvanecido.

Não infira, disso, que você se deve abster das emoções ditosas. Ao contrário: está, como todos nos encontramos, destinado à felicidade das emoções sem fim e dos gozos sem limite, se aguardar no dever e na honra, o momento próprio da sua vitória.

A isto chamamos bem viver.

Marcelo Ribeiro

52

Técnicas de ação

Você agirá em paz, se cultivar a tranqüilidade.

Você agirá com acerto, se permanecer fiel ao bem.

Você agirá com amor, se desdobrar a prudência em todos os seus atos.

Você agirá com bondade, se lembrar de que amanhã poderá ser o necessitado.

Você agirá com perdão, se considerar que o ofensor está enfermo.

Você agirá com humildade, se tiver em mente o próprio valor.

Você agirá com misericórdia, se souber que o outro é seu irmão.

Você agirá com sabedoria, se se ligar à oração.

Você agirá com caridade, se desenvolver os recursos sublimes da confiança em nosso Pai.

*

O homem são os hábitos que desenvolve durante a existência na Terra.

O cotidiano são exercícios que o homem desdobra para o instante do teste que é a ação.

Assimilando os valores legítimos do Evangelho do Senhor, armazena preciosos dons para utilizar no instante das provas a que vai submetido na rota da redenção.

Jesus agiu com acerto sempre, porque todos os Seus atos estavam fundamentados na indeclinável conjugação do verbo amar e na transcendente característica de servir e servir, com total confiança no Amor de Nosso Pai.

Você agirá, então, acertadamente, sempre que a sua atitude signifique o que gostaria de receber se fora o que necessita do outro, ou se fosse para seu espírito aquele recurso que ora lhe deva ofertar.

Marcelo Ribeiro

53

Descontrair-se

As modernas conquistas da Psicologia aplicadas no dia-a-dia dos homens, atormentados por mil questões aflitivas, procuram liberá-los das cargas emotivas que, habitualmente, levam a tensões destruidoras.

Não obstante os avanços da Era Industrial, as conseqüências da explosão tecnológica nem sempre positivas se patenteiam na anarquia social e moral que irrompe avassaladora em todo lugar. De par com a miséria econômica lamentável, dificilmente contida, graças à ganância geral, surgem os dramas de vária natureza que a Penalogia tenta remediar através de medidas punitivo-reeducadoras com que constatamos a falência das atuais técnicas pedagógicas, que não lograram, na condição de terapêutica preventiva, impedir a irrupção dos males volumosos que ora esmagam o aturdido ser humano...

Contraídos, explosivos, sobrecarregados, os indivíduos se armam de cólera e revolta, intoxicando-se terrivelmente, e marchando, vencidos, na direção das tragédias que engendram na loucura que os domina, ou em cujas teias habilmente distendidas terminam por deixar-se colher, inermes...

Armam-se por processos psicológicos muito complexos, engendrando defensivas, e tornam-se agressivos brutais, transitando da humanidade em que se encontram para as rampas da animalidade que ficou na retaguarda.

Mesmo desejosos de se realizarem, quando concitados à nobreza, vacilam e, desacreditando nos valores éticos, repetem as façanhas passionais em cujo cortejo se engajam, permitindo-se arrastar.

Diante da generosidade fazem-se suspeitos, comensais que se tornaram da indignidade, através da convivência mantida com os exploradores e os fomentadores da rebeldia e da desonestidade.

A grande maioria é constituída de jovens, em cuja imaturidade grassam e se desenvolvem os ímpetos, os instintos agressivos, fazendo-os resvalar em fugas espetaculares por meio dos tóxicos, dos barbitúricos, dos vícios, estimulados pelos ases da criminalidade de todo porte, que enxameiam nas ruas da exploração por onde transitam, em ingenuidade, a ignorância e a imprevidência.

Outros, adultos, cultores do pessimismo, armamse de amargura e destilam os venenos da malquerença, quando não são os vapores destrutivos da ira a exalar o desencanto que aparvalha e o medo que produz estertor.

O desdém ao estudo e à reflexão do Evangelho do Cristo, não devidamente cultivados, faz-se responsável pela queda espetacular do homem atual nos corredores do armamento individual que, em conseqüência, mobiliza os equipamentos gerais de todos, fomentando as guerras de extermínio em pequenos grupos ou entre as grandes cidades das diversas Nações da Terra.

Embora os esforços valorosos de psicólogos, sociólogos e estudiosos diversos interessados em reformular as bases atuais da estratégia mental em prol do desarmamento mundial, convocando à descontração geral e individual, somente o estudo e a vivência evangélica lobrigarão predispor o homem à naturalidade, ao equilíbrio pelo otimismo e à esperança de que se faz portadora a mensagem de Jesus.

Descontrair-se significa facultar-se relaxamento renovador com o enriquecimento precioso pelos bens inalienáveis que estão ao alcance de todos.

Educa-se a criança, ensina-se a criança, no entanto, poucos estão dispostos a ouvir a criança, a aprender com a criança, em clima de descontração e cordialidade. "Falta tempo" – asseveram...

Atende-se o doente, medica-se o doente, oferece-se hospitalização ao doente, mas não se criam no doente condições psicossomáticas pela palavra edificante, pela paciência eficiente a fim de que o doente se ajude. "Não se pode aplicar muito tempo" – afirmam os que acompanham doentes...

Ocorre que o enfado, o mal-estar, o desgaste estão estampados nas faces com reflexo do mundo íntimo, quando aquelas não estão contraídas, fechadas, belicosas...

Psiquiatras, analistas, terapeutas diversos encontram mais *espíritos atormentados*, armados contra tudo e todos do que enfermos reais. Para esses, a terapia da catarse oral, do *relax* pelo exercício, pelo labor eficiente, tranqüilizante, é a de melhor resultado.

Há uma armadura, no entanto, que pode e deve substituir todas as armas: a mansuetude!

Aquele que a veste, consegue desarmar-se das outras, descontrair-se e encontrar a verdadeira felicidade, graças ao poder envolvente, dominador que esparze, gerando simpatia e cordialidade que terminam por favorecer aquele que as possui.

Tudo é perfeito nas leis divinas, como perene convite à felicidade e à harmonia .

Descontrair-se hoje e agora como terapêutica salvadora, é medida salutar, deixando-se conduzir pelas sábias diretrizes da vida, não praticado o mal, nem o retribuindo, senão através do bem que se pode e deve fazer, e mais do que isso, cultivando a esperança e fomentando-a.

Quem veja uma noite tenebrosa, ante o horror que inspira, não deve esquecer que além das nuvens carregadas há plenitude de luz transitando em todas as direções quais expressões sublimes dos astros em perene mensagem alentadora da magnanimidade de Deus, entoando modulações de vida estuante pelas galáxias esfuziantes, nas infinitas e perfeitas órbitas em que gravitam.

Marcelo Ribeiro

54

Programa de amor

Sob o fragor da tempestade que domina as paisagens morais da Terra, Cristo é a Bonança, sustentando-nos na luta ingente, na conjuntura desesperadora.

Ante as circunstâncias que se nos apresentam rudes e calamitosas – efeito natural da irresponsabilidade e da insânia do passado –, ao invés da posição derrotista e acomodada, neurótica e pessimista, reunamos as forças claudicantes, investindo-as na ação libertadora.

O programa que se nos desdobra, à frente, é um desafio ao valor moral e à resistência espiritual dos cristãos decididos, porque de amor.

Não obstante o socorro aos que tombaram sob a vigorosa tormenta, e que ameaça os caminhantes descuidados, apliquemos todos os possíveis esforços na educação e no apoio da criança, trabalhando, desde hoje, pela humanidade de amanhã.

Na raiz da violência do adulto jaz uma criança amarfanhada, confundida, infeliz.

Em cada agressor pulsa um coração infantil assaltado pelo medo.

Na gênese do desconcerto social existe uma vida que foi estiolada no nascedouro.

A marginalização da criança engendra a delinqüência juvenil, carreando para o adulto a loucura e a destruição.

Toda e qualquer providência que vise à mudança da atual paisagem humana da Terra, por mais respeitável, não poderá lograr êxito, se não tiver como suporte a criança, que prossegue sendo o amanhecer do futuro.

Nesse sentido, todos os recursos devem ser canalizados para esse fanal, obviamente não esquecendo de minimizar-se a situação dos mutilados do corpo e da alma, que transitam sob conjunturas infelizes, agredidos em si mesmos e agressores, revoltados contra todos.

Orientação sobre o sexo com responsabilidade – educação dos adultos; conscientização em torno da estrutura familiar – educação comunitária; dignificação do indivíduo, que deverá possuir o mínimo que seja para sobreviver como cidadão – educação dos governantes; orientação espiritual em torno do destino imortal, lavrado na realidade, sem tabus nem superstição – educação religiosa; exemplos de enobrecimento humano e respeito à criatura – educação infantil; apoio e socorro aos carentes de pão e de paz, de amor e de solidariedade – educação social, constituem alguns itens para, encarados de frente, encetar-se a tarefa de transformar o momento de angústias que se vive, nos risonhos dias de alegrias que chegarão.

Não se trata de uma fácil tarefa ou de um difícil empreendimento, mas de um compromisso que o homem do presente mantém em relação com a sociedade porvindoura.

Ninguém se pode escusar de iniciar neste ministério: o de preparar o futuro.

Aquele que se não considere em condições de levantar o edifício da paz, não negue o tijolo da cooperação; quem não se acredite capaz de doar o teto, não deixe de oferecer a telha indispensável; não podendo fazer tudo, contribua com a sua parte, porém, não se detenha a gerar problemas, apontando erros e impedindo-lhes a solução.

O jovem carente torna-se o adulto desditoso, sem rumo.

A criança esfaimada, talvez sobreviva à falta do leite e do pão, nos primeiros dias da vida infantil, porém, marcada pela degenerescência cerebral, que a armará de violência e de idiotia, fará que ela cobre a indiferença sócio-econômica de que foi vítima.

...Enquanto prolifera aritmeticamente a natalidade entre as chamadas classes abastadas, nos guetos e favelas multiplica-se geometricamente a vida humana que, nessa ordem, quando menos se espere, assomará, desnutrida e agressiva, em grande mole, promovendo o caos...

Não há, para o problema, solução de emergência. Ninguém se deixe enganar.

Cada família seja um santuário de amor e um teto para o pequenino de hoje, tombado ao rés-do-chão.

Cada lar abra suas portas a uma criança ora sem rumo, oferecendo-lhe diretriz.

Cada criatura doe ternura a uma vida que começa, encaminhando-a para o bem.

...E enquanto não chega a hora de assim proceder-se, cooperemos com os ninhos de amor, que são os lares coletivos onde gorjeiam esses seres canoros que, na infância inocente, merecem e possuem o "reino dos Céus", conforme afirmou Jesus, auxiliando-os, de nossa parte, a serem felizes nas paisagens da Terra, por onde seguem na atualidade, para não perderem a plenitude que os aguardará no futuro espiritual.

Marília Barboza

55

Pressa e receio

O diálogo entre sombras fazia-se marcado pelas conceituações opostas.

"– Eu – asseverou um dos interlocutores –, acreditei que toda obra planejada deveria ser realizada de imediato. Espírito arrebatado, logo me empolgava, deixando-me roer pela indômita inquietação que me emulava, empurrando-me para a frente...

"– Não eu – redargüiu o outro, pausado – , sempre descri de tudo e de todos... O mundo dos meus dias era mau, as pessoas, mesmo aparentemente nobres, eu descobria serem pusilânimes antes que honestas. Raramente me entusiasmei. Não vi crescer o bem; pelo contrário: sempre identifiquei o predomínio do mal. Tentei, é certo, procurei ajudar. Em que deu?

"– Claro está – prosseguiu o primeiro –, que já não me vincularia a nada... Dei-me todo, joguei-me com ardor. Sempre desejei modificar as estruturas das coisas e das pessoas. Os homens são curiosos: pedem ajuda, e, quando queremos dar a arrancada, retraem-se, discretos ou não, levando-nos ao desencanto...

" – Por isso estou falido de ideais – retrucou o segundo –. Não obstante sempre fosse cauteloso e visse primeiro o lado pior, advertindo que entre a idéia e a execução do ideal há uma distância imensa que transpor, não estimulando à realização, afinal porque ninguém merece o sacrifício de outrem, emaranheime, joguei e perdi... Francamente, a vida sempre foime adversa e a sorte muito má..."

À medida que o tempo transcorria, os desavisados interlocutores expunham com azedume suas experiências negativas, padecendo as injunções da própria desdita.

Personagens do dia-a-dia, um fora precipitado e o outro pessimista.

O primeiro, sem refletir, acreditava no agora, embora não dispusesse do elemento perseverança para enfrentar o agora-amanhã.

O outro, amesquinhado em si mesmo e enfermo da razão, com desvio de enfoque sobre a realidade, transferia das paisagens íntimas em turbação, as visões ermas e negativas, sem qualquer esforço para colocar sol nas províncias da alma infeliz...

Encontram-se representados em todo lugar e em muitas pessoas que se distanciam da prudência, da reflexão.

Como não é justo a pessoa afoitar-se, aflita, em qualquer atividade, não é correta a atitude derrotista nos empreendimentos.

O precipitado não é perseverante. Com a força indômita que se arroja a uma ação, abandona-a. O pessimista, além de conduzir desencanto, com que contamina os outros, foge à responsabilidade, seguindo adiante, leviano e destruidor...

Prudência é medida salutar de equilíbrio com que o homem se apercebe das possibilidades de que é detentor, podendo aplicá-las com segura orientação.

Nunca a precipitação consegue realizar o mister da edificação do bem, e jamais o pessimismo receoso logra ensejar paz ou argamassa felicidade onde se encontre.

Por isso, em face dos empreendimentos enobrecedores a desenvolver, a oração abre os canais da inspiração, pelos quais chegam as forças do bem emulando à ação superior, com a paz do coração em compasso de felicidade.

Padre Natividade

56

Eis o roteiro

A importância da vivência cristã no Lar é de relevância fundamental.

A escola do exemplo infunde maior respeito e logra melhores resultados do que a do ensino teórico, por mais rutilante se apresente.

A demonstração pelo exemplo, daquilo que se apregoa pela palavra, mais eficazmente convence, produzindo resultados positivos nas pessoas que giram em torno de tais proposições.

O homem moderno sente-se profundamente aturdido diante de belas filosofias e conceitos religiosos bem apresentados, porém de resultados negativos ou nulos naqueles que os professam e divulgam...

As mudanças violentas impostas pelo progresso tecnológico têm exaurido as resistências humanas, facilitando o desbordar das paixões inferiores, exatamente por falta de nutrição moral, que se haure nas lições superiores do Evangelho de Jesus, perfeitamente compatíveis com estes dias momentosos.

O atordoamento ante os vaticínios fatídicos a respeito do futuro da Humanidade; o desrespeito à pessoa humana; o ultraje à dignidade; o descrédito que se permitem muitos Chefes de Nações, a se amesquinharem pela própria pusilanimidade; a falta de fé religiosa como decorrência das Doutrinas do passado, que faliram nas suas finalidades e propósitos, vitimadas pelo mercantilismo, pela soberba, desagregaram a família, o homem, atirando-os na rua do desespero, onde dá expansão aos sentimentos dos instintos primeiros, agredindo e destroçando quanto se lhes anteponha ao avanço anárquico, como forma de impor-se, de vingar-se, também de consumir-se.

As massas esfaimadas, que as lôbregas favelas, malocas e alagados atiram nas grandes urbes, em desarvoradas situações psicológicas e sem qualquer suporte moral, sem educação nem princípios, fazem do mundo um campo aberto de batalha, no qual o crime é ideal e o delinqüente se torna herói, única forma de promover-se, lograr manchetes nos jornais e divulgação nos diversos veículos da Comunicação.

Quanto mais violento, tanto mais respeitado faz-se o criminoso aos olhos dos seus pares, assumindo lideranças e merecendo tornar-se modelo para as mentes atônitas ainda em formação.

Porque escasseiam virtudes, proliferam vícios.

Desde que a comunidade promove a indiferença, a perversidade se impõe virulenta.

No íntimo, as criaturas, em si mesmas perturbadas, estão doentes, medrosas.

Na insânia que as aflige, atacam, em mecanismos de defesa preventiva, pelo hábito de considerarem as outras pessoas seus inimigos em potencial, adversários em combate ativo.

Este tremendo desafio que pesa na balança sócio-moral da Terra, é o eclodir, em resultados maléficos, do desprezo a que foram relegados o homem e as suas mínimas necessidades, sombreando e atemorizando a Civilização...

Aos dias de Jesus, guardadas as proporções, a paisagem humana não se apresentava diversa.

Ele viveu-a e demonstrou que era possível mudá-la, ensinando que o amor e a caridade, o perdão e a indulgência, a humildade e a compreensão poderiam e deveriam ser aplicados em larga escala a fim de produzir um novo tipo de homem, que se fizesse amante da "pobreza", da paz, todavia herdeiro da felicidade.

Alterada a sua mensagem através dos séculos, a programação tornou-se inútil e os resultados, naturalmente, desastrosos.

Cumpre aos cristãos novos, neste momento, darem-se as mãos na grande obra de evangelização dos homens, ressuscitando o compromisso da vivência dos ensinos que os empolgam.

Nenhum saudosismo nesta proposição; nem tampouco resultado de um pieguismo pessoal.

A tarefa contra a violência deve iniciar-se em cada um, trabalhando pela conquista de outrem, eliminando os fatores que se convertem em *caldo de cultura* do crime, e demonstrando a indestrutibilidade da vida, mesmo diante da morte.

O perfeito conhecimento da imortalidade da alma, através da comunicabilidade dos Espíritos; a demonstrável justiça de Deus mediante a reencarnação; a excelência do amor, por meio do exercício da bondade e da educação, auxiliarão os homens a mudar de conduta perante a vida física, sempre de breve duração, reunindo títulos enobrecedores que levarão consigo, após a inevitável disjunção cadavérica.

Para tal desiderato, a par da divulgação digna, ampla e irrestrita dos postulados espíritas, a demonstração cabal do seu conteúdo pela vivência constante, no lar, na rua, na oficina de trabalho, em toda parte, é fator essencial aos resultados felizes, mediante cujo comportamento se modificará o ambiente, transformando os que nele habitam.

Nesse sentido, o estudo do Evangelho no lar, reunindo a família para o entendimento das finalidades da vida, faz-se preponderante, inadiável.

A família é a comunidade reduzida, gênese da comunidade nacional, universal. Quando enferma, cambaleia a sociedade; quando sadia, avança a Humanidade jornada adiante.

Sem desconsideração pelos esforços das doutrinas que se interessam por estudar e interpretar o homem e a sociedade, oferecendo-lhes diretrizes e comportamentos, o Espiritismo possui a mais fácil e eficaz programação, mediante a qual o homem renovado felicita o mundo inteiro, auxiliando o próximo a reconstruir-se a fim de alcançar a destinação para a qual foi criado.

Não se adie a ação, malbaratando-se o tempo em discussões inoperantes.

Eis o roteiro: amor, caridade, educação, vivência. É hora de segui-lo.

Mãe Ritinha

57

Abençoa sempre

A fonte, desprezada, silencia a ofensa dos que a ultrajam e prossegue, não obstante, dessedentando...

O córrego, gentil, recebe o lodo da margem e fá-lo repousar no leito, continuando, transparente, no curso generoso...

A árvore depredada, experimentando a poda violenta, renova-se e responde à agressão com a abundância de folhagem, de flores e de frutos...

O diamante, ferido pela força da lapidação, coa e reflete melhor a luz solar...

O adubo, atirado ao solo com desdém, cala-se, humilde, e ressurge na dádiva do pão, como na bênção do perfume.

Tudo são lições na vida.

A gota dágua que representa o oceano, o pólen insignificante que conduz a vida vegetal, o ar abençoado e desconsiderado, todos constituem elementos vitais para a Humanidade; apesar disso, padecendo desrespeito e desconsideração, cantam a glória do Pai Criador.

Importante valorizar a grandeza, sem a fixação na aparente pequenez das coisas.

O colosso, de qualquer natureza, é resultado da harmonia das partículas que se conjugam em formoso anonimato.

Serve, portanto, e passa, alma irmã.

Não permaneças na queixa nem te estremunhes ante as dificuldades.

Avança, doando o melhor de ti, em favor de todos.

Contribui com o que possas, sem a preocupação de fazeres o melhor, mas com o desejo de realizar o que te seja possível.

Não se julga um idealista pelo quanto produz, todavia, pelo que é e doa, considerando-se os recursos de que dispõe.

Desata-te das injunções negativas facultando-te enxergar a vida preenhe de luz.

Um grão de mostarda, uma pérola, redes singelas, varas e feixes – foram imagens humildes do cotidiano que receberam de Jesus os extraordinários comentários, que se tornaram parábolas de profunda e insuperável beleza, tornando-se lições preciosas para os homens de todos os tempos.

Abençoa, também, as tuas tarefas, com o sorriso do otimismo e da alegria, não te detendo, nunca, em considerações tormentosas ou reflexões depressivas.

Vai adiante e abençoa sempre com o pensamento, a palavra, a ação e a vida, conforme te abençoa o Pai de todos nós.

Scheilla

58

Apelo da migalha

Eu sou a migalha!

Neste mundo de paradoxos e desperdícios eu vivo desprezada.

Desdenham-me e abandonam-me, sem cogitarem do quanto me poderiam utilizar, a benefício dos que nada têm.

O excesso das mesas fartas, se fosse recolhido, atenderia a uma larga faixa da escassez.

Há, no mundo, vidas humanas que se alimentam de tão insignificante quota de pão, que um outro animal de pequeno porte morreria de inanição.

Com as migalhas atiradas ao lixo poderia ser modificada a tormentosa paisagem de inumeráveis criaturas.

Moedas de pequeno valor, tecidos de dimensão reduzida, calçados não utilizáveis, agasalhos que não se usam, representando as migalhas da abundância indiferente, seriam suficientes para socorrer milhões de homens necessitados...

O celeiro abarrotado é conseqüência dos grãos reunidos.

O oceano imensurável resulta da gota dágua insignificante.

O jardim formoso, exuberante, surge do pólen invisível.

A galáxia inabordável se origina da molécula infinitesimal.

Todas as coisas imponentes têm sua gênese na aglutinação das insignificantes.

Não espero resolver os problemas do mundo.

Anelo, apenas, por atender ao homem.

Não creio ser possível, de um momento, modificar a vida terrena.

Desejo, somente, contribuir de alguma forma, para que, um dia, a existência planetária seja diferente, portanto, mais feliz.

Enquanto muitos adiam o momento de ajudar, porque não podem produzir em demasia ou não conseguem transformar a realidade atual de dor, tornando-a amena e ditosa, candidato-me a iniciar, agora, o ministério da solidariedade, oferecendo-me para servir.

Não te detenhas em justificativas passadistas, escusando-te o amor ao próximo, o serviço do bem.

Vem comigo; dá-me tua quota, a tua migalha desconsiderada.

Unindo-nos, lograremos a felicidade para todos, porque "fora da caridade não há salvação."

Eu sou a migalha!

Ajuda-me a tornar-me utilidade, realização.

Scheilla

59

O amanhã de Deus

Técnicos respeitáveis, interessados na problemática da saúde, nos complexos programas da educação, nos vários esquemas do serviço social investem o conhecimento e a dedicação, elaborando roteiros e traçando diretrizes para a erradicação da miséria e da ignorância nos vários departamentos humanos da Terra.

Apoiados nos estatutos e nas experiências que vivenciam, todos credores do melhor respeito, afirmam que o problema é de profundidade e somente em profundidade deve ser atacado.

Em face disso, outras pessoas argumentam que ante a impossibilidade de poderem solucionar os dramas em que tresvariam as criaturas, resolvem-se por nada fazer, a fim de não complicarem a questão.

No entanto, diante de alguém que padece de fome, oferta-lhe a tua dádiva em forma de pão, hoje, e Deus completará o alimento, amanhã.

Defrontando o enfermo que marcha, inexoravelmente, para o desespero, enseja-lhe o medicamento renovador agora e Deus se encarregará da saúde mais tarde.

Surpreendido pela criança que tirita de frio e sofre nas malhas da miséria sócio-econômica, auxilia-a imediatamente e Deus se encarregará dela depois.

Encontrando uma região em sombras ameaçadoras, acende a claridade possível de imediato e Deus fará claridade maior posteriormente.

Ante o aflito que o busca, divide o teu pouco, seja o que for, no momento da rogativa e Deus completará a ajuda nos dias sucessivos.

Surpreendido pela ignorância, distribui informações esclarecedoras de pronto e Deus fomentará o conhecimento libertador nos dias seguintes.

Não te escuses nunca ante o desafio da necessidade.

Faze a parte que te esteja ao alcance e Deus produzirá, como até aqui, para o futuro.

Ninguém desconsidere o valor da migalha.

O pólen insignificante, o grão pequenino, o átomo invisível são bases sobre as quais se levantam inúmeras expressões da vida.

Enquanto os magnos problemas que aturdem a Humanidade não encontram solução, atende as pequenas dificuldades que te surjam, evitando que se ampliem ou que se avolumem, tornando o fardo dos homens mais pesado e atormentante do que já se apresenta.

Não cruzes os braços.

Fala sobre o bem e atua no bem; refere-te à luz e acende lâmpadas de esperança; doa a moeda e ensina como adquirir o pão com dignidade; oferta o agasalho e promove o homem necessitado; elucida sobre o valor da cultura e ensina o alfabeto; comenta a excelência da prece e ora sem cessar, agindo e amando, porquanto, se nos cumpre fazer o melhor ao nosso alcance hoje, o amanhã é de Deus, sobre o qual não podemos perscrutar nem decidir.

Scheilla

60

A beneficência

A beneficência é luz que clarifica interiormente quem a pratica e abençoa quem a recebe.

Néctar divino, nutre todos quantos dela se utilizam.

Couraça de amor, resiste a todas as investidas que objetivam desarticulá-la.

Remanso de paz, revigora e renova as energias humanas em desfalecimento.

Ninguém a subestime.

Sob pretexto algum e diante de qualquer justificativa que se apresente como evasão do dever, não se exima de praticá-la.

Ação amorosa, é transparente como o ar e clara como o Sol.

Irradia-se em todas as direções e cataliza os interesses, produzindo festa nos corações e descortino de imensuráveis horizontes para o amor.

Fortalece-se na paciência e amplia-se na piedade fraternal.

Filha dileta da fé é o arrimo da esperança, sem cujo concurso esta desfaleceria.

Jamais se aparte da beneficência.

Repontem problemas, surjam dificuldades, apareçam lutas, convulsionem-se as circunstâncias – beneficência sempre.

Tomemos da Natureza algumas lições: o Sol sustenta a Terra e nada exige em retribuição; a linfa mantém a vida e não impõe condições; o ar é indispensável sem qualquer exigência...

São eles a doação beneficente do Pai Criador.

Em todos os atos da sua existência, na alegria ou na dor, no triunfo ou na queda, na saúde ou na doença, no poder ou na servidão, coloque o "sal" da beneficência, aprendendo a doar sem exigência e a servir sem imposição.

Chamado ao trabalho de Jesus, tome a lâmpada do amor e coloque o combustível da beneficência, distribuindo socorro e misericórdia, sem se deixar duvidar nunca do auxílio de Deus.

Nada você trouxe ao chegar à Terra.

Viva de forma que o seu trânsito pelo corpo somático não lhe imponha a necessidade de retornos futuros pelo mau uso das suas faculdades.

Quando você iniciou o serviço não possuía senão o espírito resoluto, fixado no bem.

Não receie o porvir, que é de Deus.

Exerça, portanto, a beneficência, sem cansaço, multiplicando a moeda-amor, e nunca lhe faltará a oportunidade de produzir com Jesus a favor do seu próximo, na luta de redenção.

Virgílio Almeida

Cadastre-se e receba informações sobre nossos lançamentos, novidades e promoções

Rua Jayme Vieira Lima, 104 - Pau da Lima
CEP: 41.235-000 - Salvador-Ba
Telefax: 0(**) 71 393-2855

Nome: ______________________

Sexo: ☐ Fem. ☐ Masc. Nasc: ____/____/____

Endereço Residencial: ______________________

____

Bairro: __________ Cidade: __________

Estado: __________ CEP: __________

Tel.: ________ Fax: ________ Cel.: ________

Costuma comprar livros através de:

☐ Livrarias ☐ Feiras e eventos ☐ Mala direta ☐ Internet

41.235 - 000 - Salvador-Ba.

CARTÃO RESPOSTA

LEAL

Este livro foi composto e impresso na Gráfica Alvorada – Rua Jayme Vieira Lima, 104 – Pau da Lima – 41235-000 – Salvador–Bahia–Brasil